ABC du BAC

Réussite

le bac efficace

W0413009

SVT 2de

Christian Camara

Claudine Gaston

Nathan

Mode d'emploi

Un ouvrage synthétique pour réviser et progresser avec méthode !

Cours

L'essentiel | Méthode | Exercices | Corrigés

- Le cours est structuré en doubles-pages, pour faciliter les révisions. La page de gauche présente un **cours précis et concis**. La page de droite présente les **documents** associés au cours.

L'essentiel

Cours | Méthode | Exercices | Corrigés

- Une double-page **Révision Express** résume les principaux points à retenir, les schémas importants, les mots importants ; un Quiz permet de se tester rapidement.

Méthode

Cours | L'essentiel | Exercices | Corrigés

- Cette double page présente de manière simple la résolution de questions classiques qu'il est indispensable de maîtriser. Ces **fiches-méthode** s'appuient sur des **cas concrets** et présentent la démarche à suivre de manière très détaillée.

Exercices

Cours | L'essentiel | Méthode | Corrigés

- **Nombreux et variés**, les exercices proposés permettent de couvrir l'ensemble des thèmes abordés dans le chapitre.
- Ils sont classés en **deux rubriques**, permettant de travailler progressivement : Vérification des connaissances, Exercices d'entraînement.

Corrigés

Cours | L'essentiel | Méthode | Exercices

- Les corrigés, **entièrement rédigés**, sont très détaillés. Ils sont accompagnés de petites « bulles » présentant des **conseils**, des **remarques**, des **astuces pour gagner des points**…

ANNEXE

- En fin d'ouvrage, un index des notions.

ISBN : 978-2-09-157392-2 (Édition précédente : 978-2-09-189201-6)

Sommaire

PARTIE I • La Terre, la vie et l'organisation du vivant

CHAPITRE 1 Organisation fonctionnelle du vivant

CHAPITRE 2 La biodiversité actuelle et passée

CHAPITRE 3 Évolution de la biodiversité

PARTIE II • Les enjeux contemporains de la planète

CHAPITRE 4 Érosion et sédimentation

CHAPITRE 5 Les sols et la production de biomasse

CHAPITRE 6 Agrosystèmes et développement durable

PARTIE III • Corps humain et santé

CHAPITRE 7 Procréation et sexualité humaine

CHAPITRE 8 Micro-organismes et santé

Direction éditoriale : Raphaëlle Mourey

Coordination éditoriale : Marion Gautier, Julie Langlais, assistées d'Alix de Kersauson et de Noémie Ruth

Édition : Marielle Muret-Baudoin

Conception graphique intérieur : Élise Launay

Couverture : Hugues Vollant, Marc Henry

Schémas : Aurore Mathon, Coredoc

Compositeur : PCA

Fabrication : Kévin Magar

La nouvelle classe de seconde

1 Les moments-clés

A. Le test de positionnement

- **Ce test numérique** qui a lieu en début de seconde permet de connaître vos acquis et vos besoins en Français et en Mathématiques. C'est la première étape de l'accompagnement personnalisé : soutien, approfondissement et aide à l'orientation.

Qui ?
▶ Tous les élèves de 2de

Quand ?
▶ Au cours de la 2e quinzaine de septembre

Pourquoi ?
▶ Préparer l'accompagnement personnalisé de chaque élève

Où ?
▶ Au lycée, sur une plateforme numérique

MATHÉMATIQUES* — 50 min
- ▶ Organisation et gestion de données
- ▶ Nombres et calcul
- ▶ Géométrie
- ▶ Calcul littéral

FRANÇAIS* — 50 min
- ▶ Compréhension de l'oral
- ▶ Compréhension de l'écrit
- ▶ Compréhension du fonctionnement de la langue

* Les résultats sont communiqués aux élèves et sont anonymes en dehors de l'établissement

B. Les semaines de l'orientation

- **Les semaines de l'orientation** (novembre-décembre et janvier-février) permettent de vous informer et d'explorer plusieurs perspectives d'orientation.
- **Au cours de ces différents moments consacrés à l'orientation**, vous pourrez échanger avec les équipes pédagogiques de l'établissement, rencontrer des acteurs de l'enseignement supérieur, échanger avec des acteurs du monde économique, social et professionnel…

C. Le choix des spécialités

- Au 2e trimestre, vous formulez des intentions d'orientation sur la « fiche dialogue ». Vous choisirez **4 enseignements de spécialité** parmi les **12 proposés**. Le conseil de classe donne un avis sur vos intentions.
- Au mois de juin, vous devrez choisir vos 3 enseignements de spécialité définitifs.

2 Les enseignements de la classe de 2de

ENSEIGNEMENTS COMMUNS

Français	4h00
Histoire-Géographie	3h00
LVA et LVB	5h30
Mathématiques	4h00
Physique-chimie	3h00
SVT	1h30
EPS	2h00
EMC	18h00/an
(N) SES	1h30
(N) Sciences Numériques et technologie	1h30

(N) nouveau

* les LCA peuvent être prise en plus

ENSEIGNEMENTS OPTIONNELS 2 MAXIMUM

Enseignement général AU CHOIX

LCA : Latin*	3h00
LCA : Grec*	3h00
LVC	3h30
Arts	3h00
EPS	3h00
Art du cirque	6h00

Enseignement techno AU CHOIX

(N) Management et gestion	1h30
Santé et social	1h30
Biotechnologie	1h30
Sciences de laboratoire	1h30
Sciences de l'ingénieur	1h30

et d'autres…

CHAPITRE

1 Organisation fonctionnelle du vivant

1 Des organismes uni ou pluricellulaires

De quoi s'agit-il ? **Chez les organismes unicellulaires, toutes les fonctions sont assurées par une seule cellule. Chez les organismes pluricellulaires, elles sont assurées par des organes constitués de cellules spécialisées.**

1 Un organisme composé d'une cellule unique

- La Paramécie (**Doc. 1**) est un organisme unicellulaire eucaryote qui se déplace par le battement des cils fixés à sa surface. Elle absorbe des proies microscopiques par un repli de sa membrane plasmique et les digère grâce à des vésicules remplies d'enzymes. Son volume d'eau est régulé par les contractions plus ou moins rapides d'une paire de vacuoles contractiles.
- Ainsi, chez les unicellulaires, une seule et même cellule assure toutes les fonctions (locomotion, nutrition, excrétion, défense et reproduction) grâce à des structures particulières (cils…) et des organites (vacuoles…).
- De la même façon, chez les procaryotes (bactéries), une cellule unique réalise toutes les fonctions mais, contrairement à la cellule eucaryote, celle-ci est dépourvue d'organites.

2 Les cellules spécialisées des organismes pluricellulaires

- Les organismes pluricellulaires possèdent différents organes (cœur, poumons, foie…) spécialisés dans une ou plusieurs fonctions. Chacun d'eux est lui-même constitué de plusieurs tissus qui assurent des rôles spécifiques.
- Ainsi, dans l'estomac (**Doc. 2**), le tissu musculaire permet des contractions tandis que le tissu nerveux détecte la pression et le degré de remplissage de l'organe. Le tissu épithélial protège la paroi, le tissu sanguin apporte nutriments et oxygène aux différentes cellules.
- Les tissus sont eux-mêmes constitués d'un ou plusieurs types de cellules. À l'inverse de la Paramécie, ce sont des cellules spécialisées dans une fonction particulière (contraction, absorption, etc.). Une matrice extracellulaire ou ciment intercellulaire maintient la cohésion des cellules d'un tissu. Elle est composée de différentes macromolécules, notamment de protéines, qui permettent l'adhérence cellulaire.

Doc. 1 La Paramécie, un organisme unicellulaire

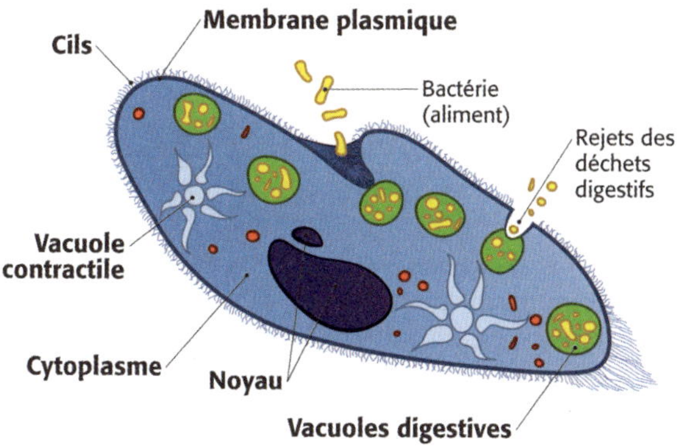

Doc. 2 Les différents tissus de l'estomac

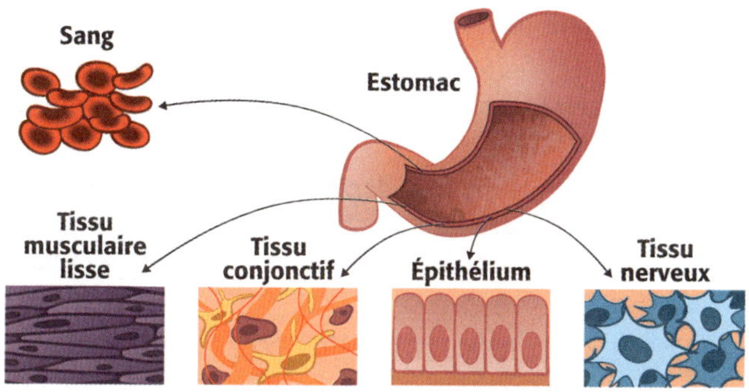

Vocabulaire

Pluricellulaire : constitué de plusieurs cellules.

Eucaryote : cellule qui possède un noyau et différents organites, contrairement aux procaryotes (bactérie) qui en sont dépourvus.

Vacuole : grande vésicule remplie de liquide régulant le volume et la concentration cellulaires.

Organite : compartiment cellulaire spécialisé dans une fonction.

Tissu épithélial : ensemble de cellules jointives assurant un rôle de revêtement ou une fonction sécrétrice.

Spécialisée (cellule) : cellule dont les caractéristiques lui permettent de réaliser une fonction particulière.

Matrice extracellulaire : ensemble de molécules situées à l'extérieur des cellules d'un tissu et qui les réunit entre elles.

2 La cellule spécialisée

De quoi s'agit-il ? **Toutes les cellules d'un organisme possèdent la même information génétique. Cependant, une cellule spécialisée n'en exprime qu'une partie, ce qui la distingue des autres types cellulaires.**

1 Une cellule spécialisée dans une fonction

● Chaque type de cellule spécialisée présente des caractéristiques particulières qui lui permettent d'accomplir une fonction. Ainsi, les cellules nerveuses (**Doc. 1a**) sont munies de prolongements ou fibres qui véhiculent le message nerveux. Chez les cellules intestinales (**Doc. 1b**), des microvillosités favorisent l'absorption des nutriments en augmentant la surface de contact.

● Chez les végétaux, les cellules de la feuille possèdent des organites spécifiques, les chloroplastes qui captent la lumière et réalisent la photosynthèse (voir p. 17). Remplies d'eau, ces cellules résistent à la pression grâce à leur épaisse paroi. Au contraire, les poils absorbants de la racine peuvent prélever eau et ions du sol grâce à leur paroi très fine tandis que leur grande surface facilite l'absorption.

● La spécialisation des cellules repose aussi sur le déroulement de réactions biochimiques particulières (synthèses, transformations), faisant intervenir des enzymes spécifiques.

● Les organismes pluricellulaires possèdent aussi des cellules non spécialisées, les cellules souches. Capables de se diviser activement puis de se différencier, elles assurent le renouvellement des cellules mortes ou permettent la croissance.

2 Une expression différentielle des gènes

● Les cellules d'un organisme sont toutes issues d'une cellule-œuf initiale, par une succession de mitoses. L'expérience de Gurdon (**Doc. 2**) montre qu'à partir du noyau d'une cellule intestinale, il est possible de former un individu complet présentant les mêmes caractères que celui dont provient le noyau. On peut en déduire que le noyau d'une cellule spécialisée renferme l'information génétique nécessaire à la construction d'un organisme entier. Ainsi, malgré leurs différences, les cellules spécialisées renferment toutes la même information génétique, identique à celle de la cellule-œuf.

● Dans toutes les cellules, l'information génétique est portée par des molécules d'ADN (acide désoxyribonucléique), organisées en gènes. Si les cellules spécialisées renferment la totalité de l'information génétique, elles n'expriment qu'une partie des gènes, différente selon les types de cellules.

Doc. 1 Deux cellules spécialisées

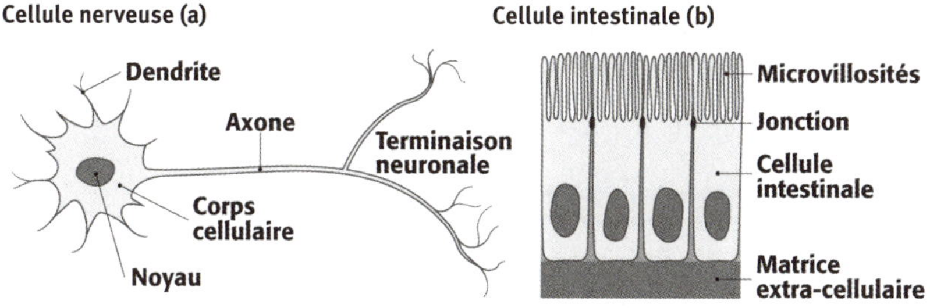

Doc. 2 L'expérience de Gurdon

Transfert d'un noyau de cellule spécialisée dans un ovule sans noyau (l'irradiation de l'ovule détruit son noyau).

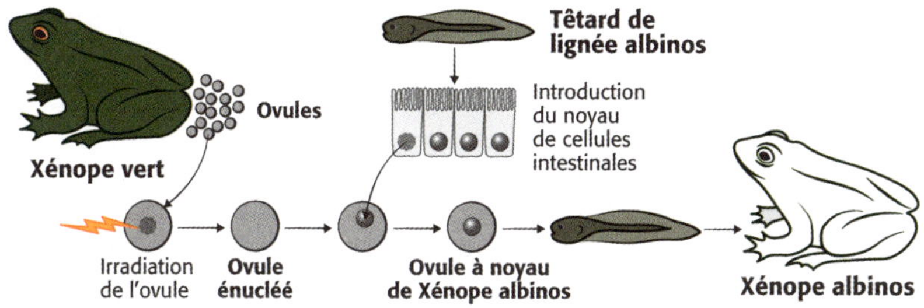

Vocabulaire

Microvillosités : replis de la membrane plasmique augmentant sa surface.

Chloroplaste : organite contenant de la chlorophylle, responsable de la photosynthèse.

Paroi : enveloppe rigide qui double extérieurement la membrane plasmique chez toutes les cellules végétales.

Enzyme : molécule qui facilite le déroulement d'une réaction biochimique sans y participer directement.

Cellules souches : cellules non spécialisées, indifférenciées, capables de se diviser un grand nombre de fois.

Mitose : division d'une cellule initiale qui aboutit à deux cellules identiques à celle-ci et identiques entre elles.

Gène : portion d'une molécule d'ADN correspondant à une unité d'information génétique.

3 L'ADN, support de l'information génétique

De quoi s'agit-il ? **Chaque cellule renferme du matériel génétique contenu dans les chromosomes sous forme d'ADN. La structure moléculaire de l'ADN lui permet de porter une information.**

1 Une molécule organisée en gènes

- Le noyau des cellules eucaryotes renferme plusieurs molécules d'ADN (46 dans l'espèce humaine) sur lesquelles des gènes se succèdent de façon discontinue.
- Une expérience de transgenèse consistant à introduire un gène provenant d'une espèce à une cellule d'une autre espèce aboutit à l'apparition d'un nouveau caractère exprimée par la cellule receveuse. Un gène est donc une unité d'information contrôlant la réalisation d'un caractère. De plus, l'information contenue dans l'ADN est écrite dans un langage universel.
- Les molécules d'ADN constituent des chromosomes qui, lors de la division cellulaire, se condensent et deviennent apparents. Sur le chromosome, un gène donné occupe toujours le même emplacement, appelé locus.

2 Une molécule séquencée

- L'ADN est une macromolécule constituée de deux chaînes (ou brins) enroulées en double hélice (**Doc.**).
- Une chaîne est formée d'une succession d'éléments appelés nucléotides, chacun composé d'un sucre (le désoxyribose), d'un acide phosphorique et d'une base azotée (ADN = acide désoxyribonucléique).
- Il existe quatre types de nucléotides, A, C, G et T, qui diffèrent par leur base azotée. Chacune de ces lettres correspond à l'initiale de la base azotée (**Doc.**).
- Le long de la molécule d'ADN, les nucléotides se succèdent dans un ordre précis, appelé séquence. C'est la séquence des nucléotides qui constitue l'information contenue sous forme codée dans les gènes.
- Par ailleurs, dans une molécule d'ADN, les bases azotées A et T sont toujours en quantité égale, comme le sont aussi les bases C et G. Cela s'explique par le fait que les deux chaînes d'une molécule d'ADN s'associent par leurs bases azotées selon une règle stricte appelée loi de complémentarité.

Doc. **La molécule d'ADN**

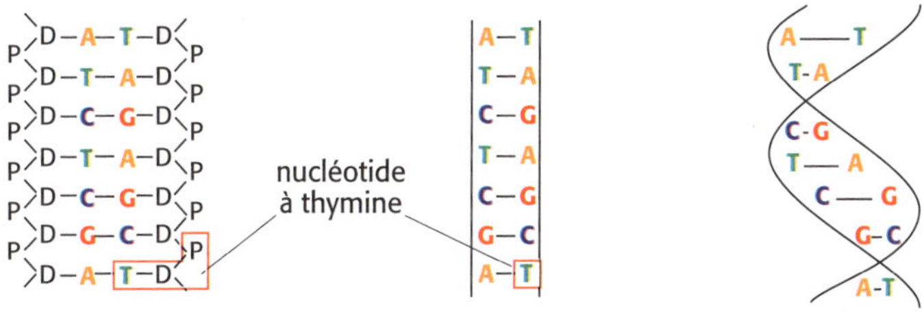

a. représentation complète

b. représentation simplifiée

c. représentation en double hélice

D : désoxyribose

P : acide phosphorique

bases azotées
- A : adénine
- T : thymine
- C : cytosine
- G : guanine

Vocabulaire

Transgenèse : transfert d'un gène d'une espèce à une autre différente.

Chromosome : élément porteur d'information génétique, constitué (entre autres) d'ADN.

Macromolécule : molécule de grande taille formée par l'assemblage d'un grand nombre d'éléments.

Nucléotide : maillon élémentaire de la molécule d'ADN.

Séquence (de l'ADN) : ordre dans lequel se succèdent les nucléotides.

Loi de complémentarité (des bases) : règle selon laquelle un nucléotide A d'une chaîne d'ADN s'apparie toujours avec un T de l'autre chaîne, et un G toujours avec un C.

4 La cellule, siège des réactions chimiques de la vie

De quoi s'agit-il ? **Pour assurer les besoins fonctionnels d'une cellule, de nombreuses transformations biochimiques s'y déroulent : elles constituent son métabolisme.**

1 Des échanges de matière

- L'ajout de glucose à une culture de levures est suivi d'une diminution de la teneur en dioxygène du milieu (**Doc. 1**) et d'une augmentation de celle en dioxyde de carbone. De plus, entre le début et la fin de l'expérience, la quantité de glucose du milieu diminue.
- Ainsi, les cellules des levures réalisent des échanges avec leur milieu : elles absorbent du dioxygène et du glucose et rejettent du dioxyde de carbone et de l'eau (non mesuré ici). À partir de ces résultats, on peut écrire le bilan des réactions qui se sont produites chez les levures :

glucose + dioxygène → dioxyde de carbone + eau

$$C_6H_{12}O_6 + 6O_2 \rightarrow 6CO_2 + 6H_2O$$

- L'ensemble de ces réactions constitue la respiration cellulaire, réalisée seulement en présence de dioxygène.
- En absence d'O_2, les levures peuvent néanmoins consommer du glucose et rejeter du CO_2 ainsi qu'un autre déchet, l'éthanol. Elles réalisent alors la fermentation (alcoolique) : glucose → dioxyde de carbone + éthanol.
- Respiration et fermentation constituent des voies métaboliques, c'est-à-dire une succession de réactions biochimiques, chacune facilitée par des enzymes particuliers. Quelques-unes de ces réactions sont communes à ces deux voies qui sont interconnectées.

2 Une libération d'énergie

- C'est seulement en présence de glucose (**Doc. 2**) que le nombre de levures augmente significativement dans une culture. Le glucose fournit donc aux levures l'énergie nécessaire à leur multiplication.
- En effet, au cours de la respiration, le glucose (molécule organique) est entièrement dégradé pour donner de l'eau et du CO_2 (molécules minérales). Ainsi, toute l'énergie contenue dans la molécule de glucose est libérée puis utilisée pour les besoins cellulaires.
- En absence de dioxygène, les cellules peuvent aussi dégrader le glucose grâce à la fermentation mais cette dégradation, incomplète, libère moins d'énergie.

Doc. 1 Évolution des concentrations en O_2 et en CO_2 dans une culture de levures

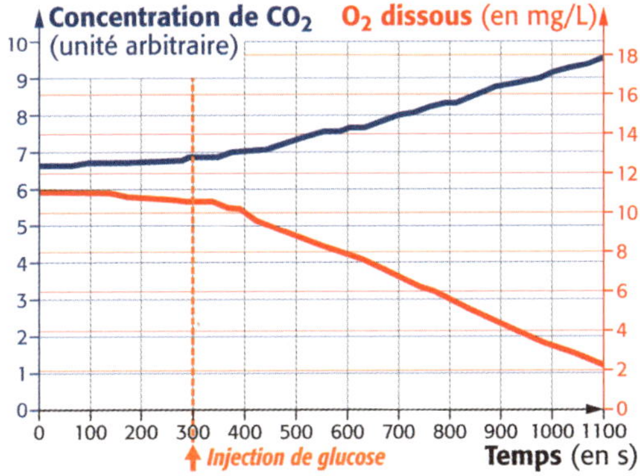

Doc. 2 Aspect de cultures de levures en absence (a) ou en présence (b) de glucose

Vocabulaire

Métabolisme : ensemble des transformations biochimiques se déroulant à l'intérieur d'une cellule.

Levure : champignon unicellulaire.

Respiration : voie métabolique nécessitant du dioxygène et au cours de laquelle le glucose est entièrement dégradé, d'où une libération d'énergie.

Fermentation : voie métabolique réalisée en absence de dioxygène et au cours de laquelle le glucose est en partie dégradé.

Voie métabolique : succession de réactions biochimiques transformant le produit d'une réaction en un autre.

Molécule organique : molécule caractéristique des êtres vivants (à opposer à molécule minérale).

5 Autotrophie et hétérotrophie

De quoi s'agit-il ? Certaines cellules sont capables de fabriquer de la matière organique à partir de matière minérale. Les autres prélèvent la matière organique dont elles ont besoin dans leur environnement.

1 La photosynthèse : une synthèse de matière organique

- Les Euglènes sont des algues unicellulaires chlorophylliennes. Cultivées à la lumière (**Doc. 1**), elles peuvent se multiplier sur un milieu dépourvu de glucose. Elles consomment alors du dioxyde de carbone et de l'eau, ce qui leur permet de produire la matière organique (glucose) absente dans leur milieu. En même temps, elles rejettent un déchet, le dioxygène.
- Cette synthèse nécessite un apport d'énergie, sous forme de lumière : c'est la photosynthèse, dont le bilan peut s'écrire :

$$6CO_2 + 6H_2O \xrightarrow{\text{lumière}} C_6H_{12}O_6 + 6O_2$$

La photosynthèse se déroule dans des organites spécialisés, les chloroplastes, contenant des molécules particulières dont la chlorophylle. Chez les végétaux pluricellulaires, seules des cellules spécialisées présentes dans les feuilles, les cellules chlorophylliennes (**Doc. 2**), renferment des chloroplastes.

2 Deux types de métabolismes

- La plupart des cellules, y compris les cellules chlorophylliennes, tirent leur énergie de la dégradation du glucose, par respiration. Chez les eucaryotes, la respiration se déroule dans des organites spécialisés (**Doc. 2**) : les mitochondries.
- Grâce à la photosynthèse, les cellules chlorophylliennes fabriquent le glucose nécessaire à leur respiration. Elles sont autotrophes.
- Par contre, des Euglènes privées de lumière (**Doc. 1**) ne se multiplient pas en absence de glucose. Elles sont incapables de produire le glucose et doivent le prélever dans leur environnement. Elles sont devenues hétérotrophes.
- Les végétaux pluricellulaires sont des organismes autotrophes grâce à leurs cellules chlorophylliennes dans les feuilles. Celles-ci synthétisent de la matière organique pour leurs besoins mais aussi pour ceux des cellules hétérotrophes (celles des racines par exemple). En effet, la matière organique fabriquée dans les feuilles est distribuée dans toute la plante. À l'inverse, tous les animaux sont hétérotrophes.

Doc. 1 Résultats de cultures d'Euglènes

TEMPS	CONDITIONS DE CULTURE : Lumière	Lumière + glucose	Obscurité	Obscurité + glucose
Jour 0	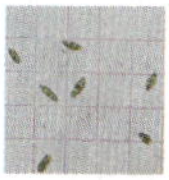		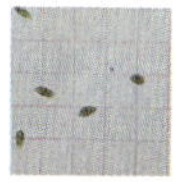	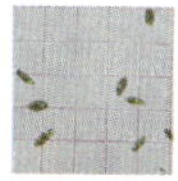
Jour 4	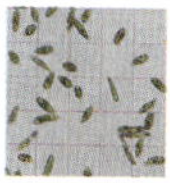	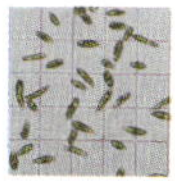		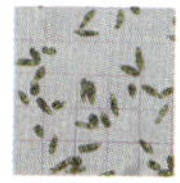

Doc. 2 Une cellule chlorophyllienne (MET)

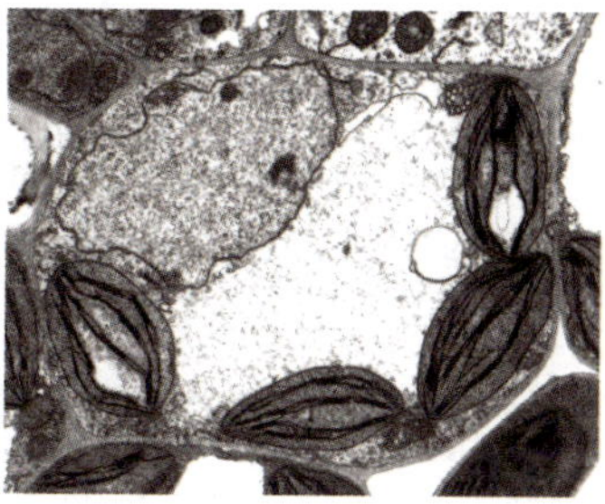

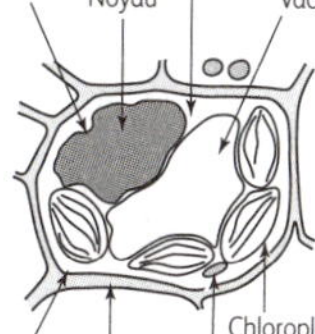

Vocabulaire

Photosynthèse : synthèse de matière organique (glucose) à partir de matière minérale (eau et dioxyde de carbone) grâce à l'énergie lumineuse.

Chloroplaste : organite contenant de la chlorophylle, dans lequel se déroulent les réactions de la photosynthèse.

Mitochondrie : organite dans lequel se déroulent les réactions de la respiration.

Autotrophe : cellule ou organisme capable de fabriquer sa propre matière organique.

Hétérotrophe : cellule ou organisme incapable de fabriquer sa propre matière organique et devant la prélever dans le milieu.

RÉVISION EXPRESS

LES POINTS IMPORTANTS À RETENIR

- Les organismes **pluricellulaires** sont constitués de cellules **spécialisées** associées à l'intérieur de **tissus**, formant eux-mêmes des organes. Ces cellules sont spécialisées dans la réalisation d'une fonction grâce à la présence de structures, **d'organites**, ou encore de **molécules spécifiques**.
- Si toutes les cellules d'un organisme possèdent les mêmes **gènes**, les cellules spécialisées se distinguent les unes des autres en exprimant des gènes différents.
- Chaque gène porte une information particulière permettant la réalisation d'un caractère ; plusieurs gènes se succèdent de façon discontinue, sur une molécule d'ADN.
- Celle-ci est constituée de deux brins appariés, chacun formé d'une succession de **nucléotides** différant par leur base azotée (A, T, G et C). Ces deux brins sont associés selon la **loi de complémentarité** (A-T et G-C). C'est l'ordre dans lequel se suivent ces nucléotides (ou **séquence**) qui constitue l'information génétique.
- Dans les cellules se déroulent de nombreuses réactions biochimiques constituant des **voies métaboliques**. Celles-ci dépendent de l'équipement spécialisé de chaque cellule (organites, macromolécules dont les **enzymes**).
- Au cours de la **respiration**, les cellules dégradent le glucose en présence de dioxygène et rejettent du dioxyde de carbone et de l'eau. Elles libèrent ainsi l'énergie contenue dans la matière organique et l'utilisent pour leurs besoins.
- Grâce à l'énergie lumineuse, à l'intérieur de leurs **chloroplastes,** les **cellules chlorophylliennes** réalisent la **photosynthèse** : elles fabriquent de la matière organique à partir de dioxyde de carbone et d'eau. Ce sont des cellules **autotrophes**.
- Les cellules animales doivent se procurer la matière organique dans leur milieu. Elles sont **hétérotrophes**.

LES MOTS IMPORTANTS

- Unicellulaire
- Pluricellulaire
- Organes
- Tissus
- Cellule spécialisée
- Matrice extracellulaire
- Gène
- Nucléotide
- Complémentarité des bases
- Échanges
- Voies métaboliques
- Enzymes
- Respiration
- Fermentation
- Photosynthèse
- Chloroplastes
- Cellules chlorophylliennes
- Autotrophe
- Hétérotrophe

LE SCHÉMA IMPORTANT À RETENIR

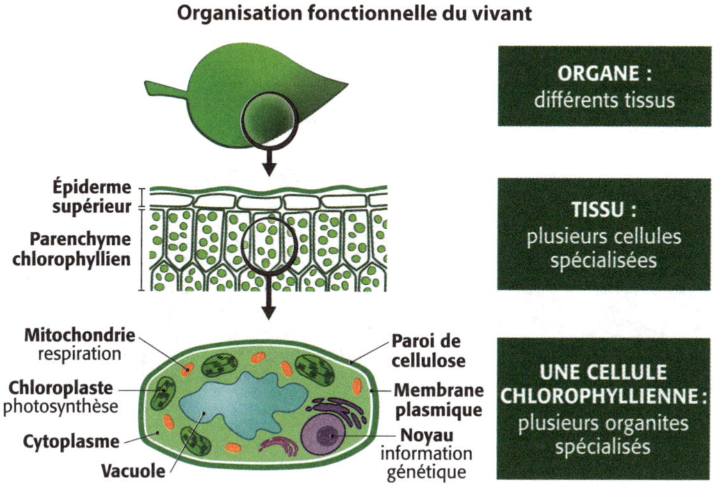

Quiz

1. Les cellules chlorophylliennes sont dépourvues de mitochondries.
☐ Vrai ☐ Faux

2. La molécule d'ADN est formée de nucléotides.
☐ Vrai ☐ Faux

3. Les cellules spécialisées se distinguent par leurs gènes.
☐ Vrai ☐ Faux

4. Les cellules autotrophes prélèvent la matière organique dans leur environnement.
☐ Vrai ☐ Faux

5. Au cours de la respiration, le glucose est partiellement dégradé.
☐ Vrai ☐ Faux

→ Réponses p. 29

Identifier une cellule et réaliser un dessin d'observation

ÉNONCÉ

On cherche à identifier différentes cellules observées au microscope optique. Pour cela, on utilise des critères comme ceux réunis dans les deux tableaux ci-dessous.

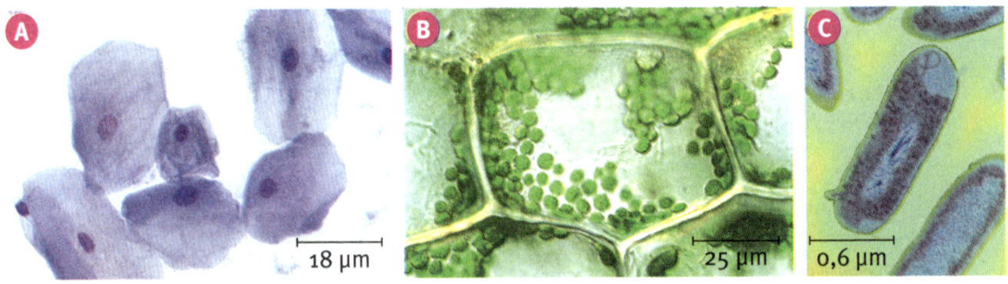

	Membrane plasmique	Cytoplasme	Matériel génétique libre ou dans un noyau	Compartiments cellulaires (Organites)	Taille de la cellule en µm
Cellule eucaryote	+	+	Dans un noyau	+	10 - 100
Bactérie (procaryote)	+	+	Libre	–	1 - 10

+ : présence - : absence

	Paroi cellulosique	Principaux organites
Cellule animale	–	Noyau, mitochondrie, appareil de Golgi
Cellule végétale	+	Mitochondrie, chloroplaste, vacuole, appareil de Golgi

1. Déterminez, à partir des photos, la taille réelle des trois cellules représentées.

2. Réalisez un dessin légendé de chacune d'elles.

3. Identifiez chacune d'elles à l'aide des tableaux récapitulatifs en nommant le caractère principal qui permet de la distinguer des autres.

MÉTHODE

Un dessin scientifique est issu d'une observation. Il doit représenter la réalité et donc conserver la disposition et les proportions des différents éléments présents. Quelques règles s'imposent pour sa réalisation.

- Penser avant de dessiner aux éléments à représenter, leur disposition et leur proportion.
- Prévoir sur la page l'espace pour les légendes et le titre.
- Dessiner simplement avec des traits continus, sans effet d'ombre ou autre.

Pour identifier les cellules, il faut rechercher les éléments pertinents, présence ou absence de noyau, présence d'organites, de quel type, de quelle couleur, etc. Attention, ce n'est pas parce qu'un organite n'est pas visible qu'il n'est pas présent. De nombreux organites ne sont d'ailleurs visibles qu'au microscope électronique.

CORRIGÉ

1. Pour déterminer la taille, on fait un produit en croix. Par exemple, pour une longueur de cellule de 5 cm sur la photo et un trait d'échelle 1 cm qui représente 20 µm, on aura 1 cm → 20 µm, 5 cm mesurés → γ µm, c'est-à-dire $1 \times \gamma = 20 \times 5$, d'où une longueur réelle de la cellule de 100 µm.
Les cellules A ont un diamètre d'environ 30 µm. Pour les cellules B, les dimensions sont d'environ 75 × 60 µm et pour la cellule C, 1,4 × 0,4 µm.

2. A

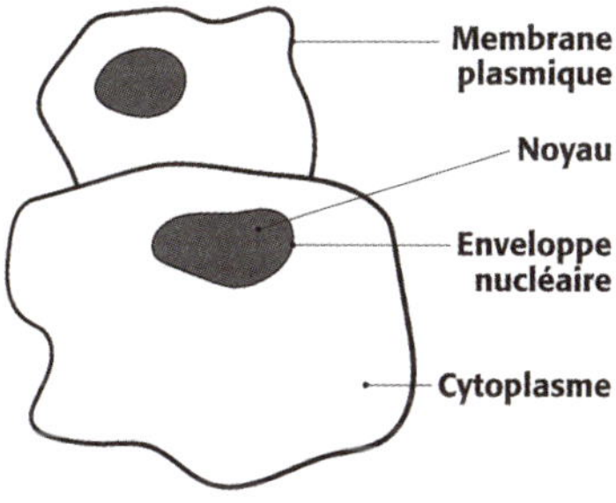

B

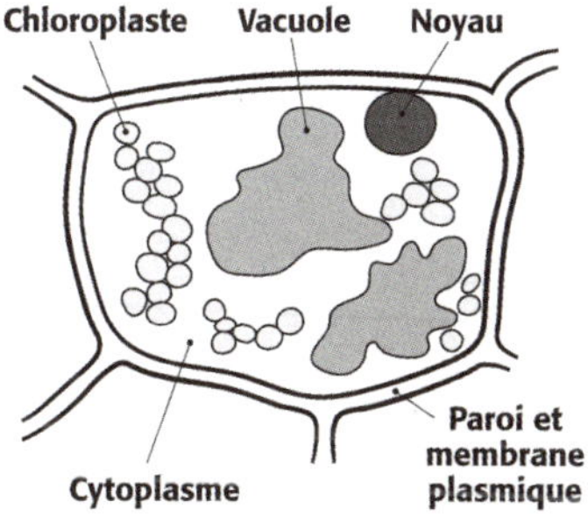

C

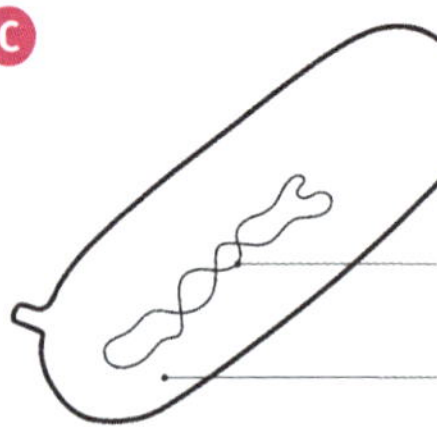

3. La cellule A mesure quelques dizaines de micromètres et renferme un noyau. C'est donc une cellule eucaryote. Elle n'a pas de paroi cellulaire, c'est une cellule animale (il s'agit d'une cellule de l'épithélium buccal).
La cellule B est délimitée par une paroi ; on ne distingue pas de noyau à l'intérieur mais on voit de nombreux petits granules qui en raison de leur couleur verte sont identifiés comme des chloroplastes. Il s'agit donc d'une cellule eucaryote puisqu'elle a des organites, végétale chlorophyllienne puisqu'elle a des chloroplastes.
La cellule C a une taille de quelques µm seulement. Ce n'est pas un argument suffisant pour en conclure que c'est un procaryote car quelques cellules eucaryotes mesurent elles aussi quelques µm (7 µm pour une hématie). On ne distingue pas d'organites à l'intérieur ni de noyau mais on observe une structure filamenteuse qui semble libre dans le cytoplasme, l'ADN. C'est donc une cellule procaryote, une bactérie.

Vérification des connaissances

Pour chaque question ou affirmations, il y a entre 0 et 3 bonnes réponses.

1. Toutes les cellules d'un organisme :
a. ont les mêmes gènes ;
b. proviennent d'une cellule unique ;
c. réalisent les mêmes fonctions.

2. La matrice extracellulaire :
a. est composée de cellules ;
b. assure la cohésion des cellules ;
c. contient de l'ADN.

3. Dans la molécule d'ADN :
a. l'information est contenue dans la séquence des nucléotides ;
b. il y a autant de nucléotides C que de nucléotides T ;
c. les bases complémentaires de deux brins sont appariées.

4. Dans les cellules, la dégradation du glucose :
a. libère de l'énergie ;
b. peut être réalisée en absence de dioxygène ;
c. fait intervenir des enzymes.

5. Une cellule eucaryote autotrophe :
a. ne respire pas ;
b. possède des chloroplastes ;
c. synthétise sa propre matière organique.

6. Les chloroplastes :
a. sont des organites ;
b. sont présents dans toutes les cellules ;
c. assurent la respiration cellulaire.

7. Le métabolisme :
a. est un ensemble de transformations biochimiques ;
b. dépend de l'équipement particulier des cellules ;
c. est identique pour toutes les cellules eucaryotes.

Exercices d'entraînement

1 Une application des biotechnologies

Exploitation de document

Le pancréas est un organe situé dans l'abdomen, logé derrière l'estomac. Certaines de ses cellules sont capables de produire une protéine, l'insuline. De telles cellules sont prélevées chez l'Homme, leur ADN en est extrait et découpé en fragments. Ceux-ci sont ensuite injectés à des bactéries. Parmi les bactéries ainsi traitées, certaines sont à l'origine de nouvelles populations bactériennes capables de produire à leur tour de l'insuline.

Doc.

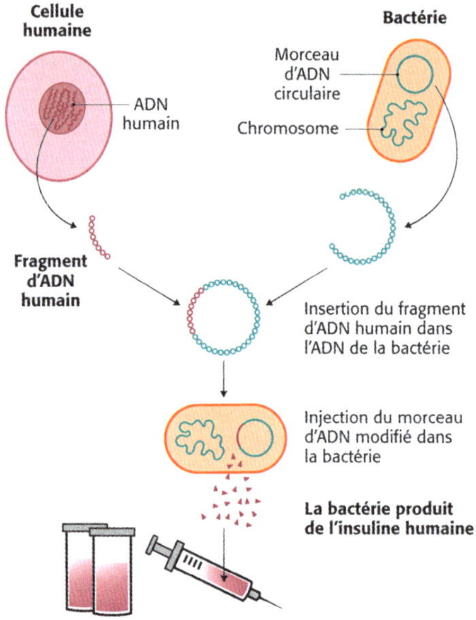

QUESTIONS

1. Indiquez le rôle de l'ADN mis en évidence par cette expérience.

2. Comment nomme-t-on le fragment capable de transférer à la bactérie la capacité de fabriquer l'insuline ?

3. Comment nomme-t-on ce type de technique ?

4. Quelle propriété de l'ADN est mise en évidence par cette expérience ?

5. Comment expliquer que, chez l'Homme, seules les cellules du pancréas sont capables de produire l'insuline ?

2 Une analyse comparée de molécules d'ADN

Exploitation de document

Le tableau ci-dessous donne les proportions relatives des différents nucléotides de l'ADN chez plusieurs espèces.
On a pris pour référence le nucléotide A auquel on a donné arbitrairement la valeur 10.

	A	G	C	T
Homme : rate	10	7,2	7,0	10,1
Porc : thymus	10	6,8	6,9	9,6
Oursin : sperme	10	5,4	5,4	9,7
Blé : germe	10	8,9	8,7	10,2

QUESTIONS

1. Comparez les proportions des différents nucléotides à l'intérieur de chaque espèce.

2. Quelles informations concernant la structure de l'ADN cela apporte-t-il ?

3. Comparez maintenant les proportions relatives des différents nucléotides entre espèces. Quelle autre propriété de l'ADN est ainsi mise en évidence ?

3 Les végétaux, des organismes autotrophes

Exploitation de documents

Les végétaux possèdent différents organes parmi lesquels des feuilles et des racines.
Ceux-ci se différencient par la structure et le métabolisme de leurs cellules.
Sur le **Doc. 1** figurent deux électronographies, d'une cellule de feuille (A) et d'une cellule de racine (B).

Doc. 1

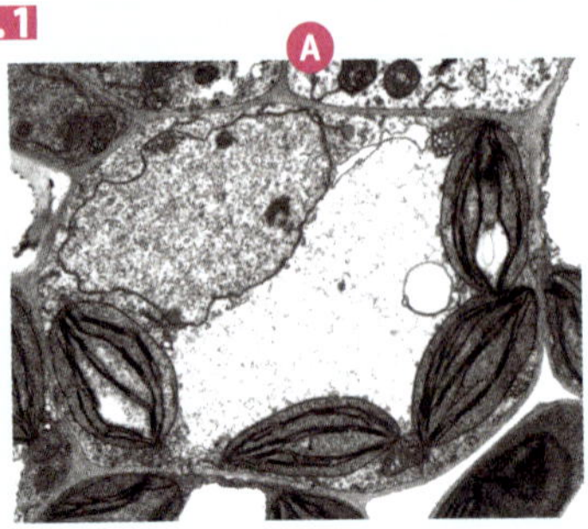

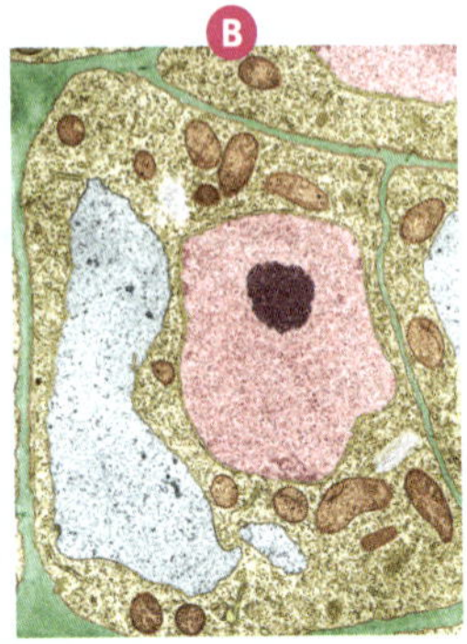

Doc. 2

Dans un bioréacteur, on place des cellules de feuilles (A) d'une part et des cellules de racines (B) d'autre part. À l'aide d'une sonde à dioxygène, on mesure l'évolution de la concentration en O_2 en présence de lumière.

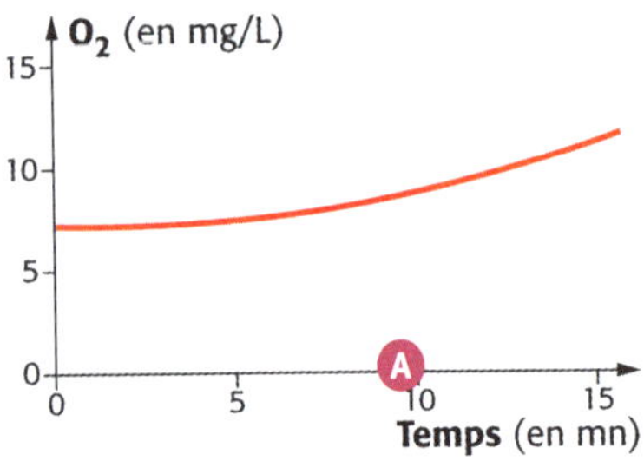

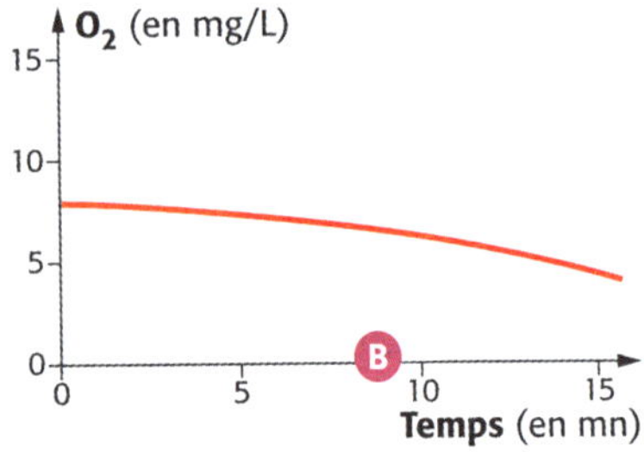

QUESTIONS

1. À partir de l'observation de ces cellules, justifiez que les végétaux sont des eucaryotes.

2. Indiquez une caractéristique commune à ces deux cellules permettant de les identifier comme des cellules végétales.

3. Relevez un caractère permettant de différencier les cellules de feuilles de celles de racines.

4. Décrivez et expliquez les résultats fournis par le **Doc. 2** en les reliant aux informations fournies par les électronographies.

5. Expliquez en quoi la plante chlorophyllienne est dans son ensemble autotrophe.

4 Différenciation des cellules musculaires

Exploitation de documents

La fibre musculaire, cellule spécialisée dans la contraction, est une cellule géante renfermant plusieurs noyaux. Elle se forme par une succession d'étapes représentées par le dessin ci-dessous.

Doc. 1 Les étapes de la spécialisation musculaire

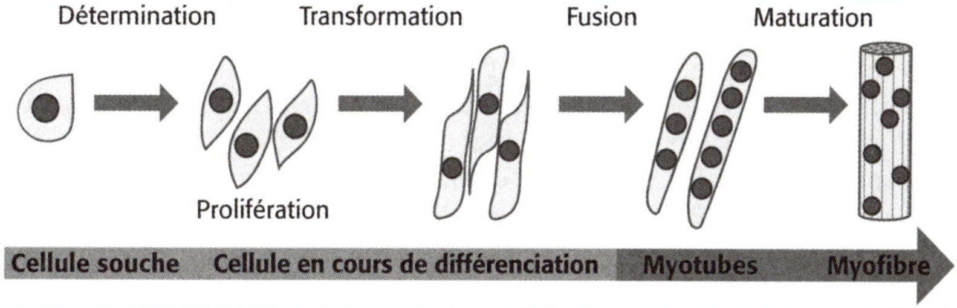

Doc. 2

Un gène nommé MyoD est activé dans la cellule musculaire au cours de sa différenciation. Les chercheurs ont réussi à empêcher l'activation de ce gène : dans ce cas, la cellule indifférenciée ne se spécialise jamais en cellule musculaire.

Doc. 3 Pourcentage de cellules contenant deux noyaux ou plus dans deux lots de cellules

Le gène MyoD est activé chez les unes (en rouge), inactivé chez les autres (en bleu).

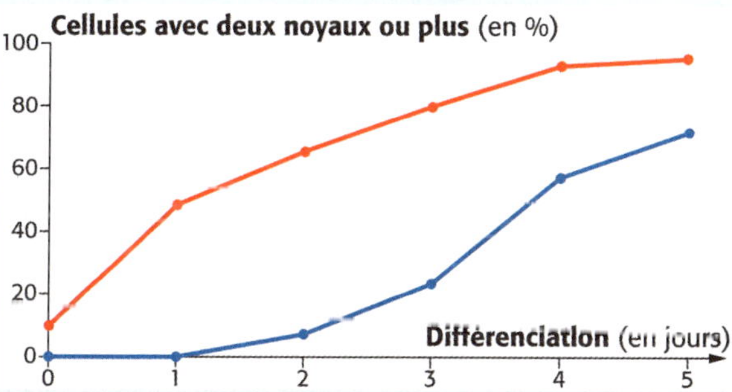

QUESTIONS

1. Décrivez brièvement les étapes de la spécialisation musculaire.

2. Quelle hypothèse peut-on émettre concernant le rôle du gène MyoD ?

3. Comparez les résultats obtenus dans les deux lots de cellules (**Doc. 3**) pour mettre en évidence le rôle du gène MyoD.

5 La spécialisation des spermatozoïdes

Exploitation de documents

Les spermatozoïdes sont des cellules spécialisées (**Doc. 1**). Capables de se déplacer, ils atteignent l'ovule puis fusionnent avec ce dernier après avoir percé ses enveloppes grâce aux enzymes contenues dans l'acrosome.
Un spermatozoïde se forme à partir d'une cellule appelée spermatide. Celle-ci subit des transformations (**Doc. 2**) avant de devenir un spermatozoïde capable d'assurer la fécondation.

Doc. 1

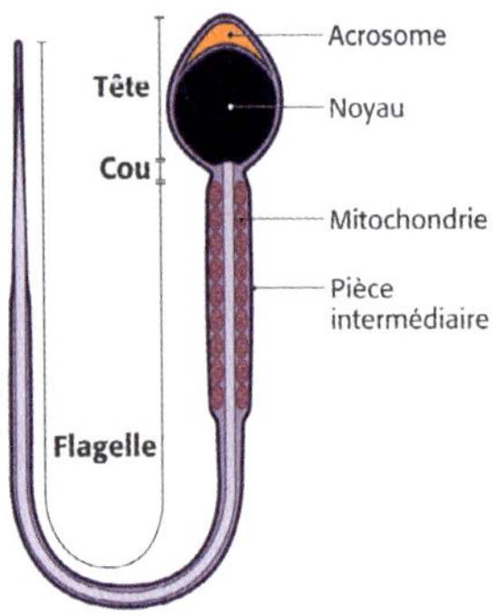

Doc. 2

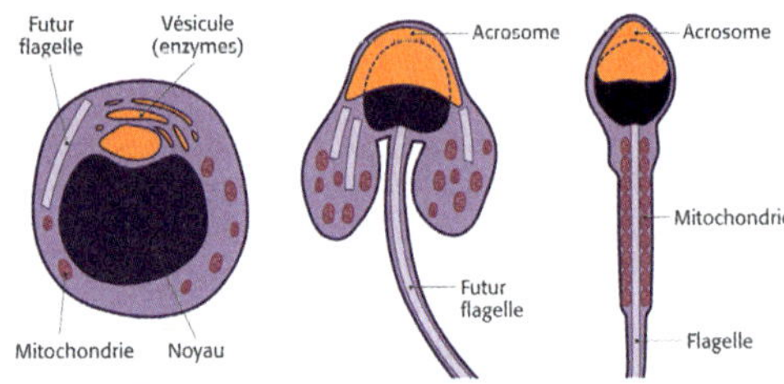

QUESTIONS

1. Recherchez les caractéristiques du spermatozoïde qui en font une cellule spécialisée dans le déplacement.

2. Recherchez les caractéristiques du spermatozoïde qui en font une cellule spécialisée pour son rôle dans la fécondation.

3. Récapitulez, à partir du **Doc. 2**, les transformations subies par la spermatide pour devenir un spermatozoïde.

Quiz

1 **Faux**, les cellules chlorophylliennes respirent comme la plupart des cellules. **2** **Vrai.** **3** **Faux**, elles possèdent toutes les mêmes gènes mais n'en expriment qu'une partie, différente selon les cellules. **4** **Faux**, les cellules autotrophes sont capables de synthétiser leur matière organique par la photosynthèse. **5** **Faux**, le glucose est entièrement dégradé au cours de la respiration, ce qui aboutit à la formation de molécules minérales, l'eau et le dioxyde de carbone.

Vérification des connaissances

1 **a.** et **b.** sont vraies. **c.** est fausse, un organisme pluricellulaire est composé de cellules spécialisées qui assurent des fonctions distinctes.

2 **a.** est fausse, elle est composée de molécules. **b.** est vraie. **c.** est fausse, l'ADN est contenu dans le noyau des cellules.

3 **a.** est vraie. **b.** est fausse, il y a autant de C que de G et de A que de T. **c.** est vraie.

4 **a.** est vraie. **b.** est vraie, la fermentation permet une dégradation partielle du glucose en absence de dioxygène. **c.** est vraie.

5 **a.** est fausse. **b.** et **c.** sont vraies.

6 **a.** est vraie. **b.** et **c.** sont fausses, les chloroplastes sont présents seulement dans les cellules chlorophylliennes où ils assurent la photosynthèse.

7 **a.** et **b.** sont vraies. **c.** est fausse, les cellules eucaryotes peuvent être autotrophes ou hétérotrophes. De plus, elles ne réalisent pas toutes les mêmes réactions biochimiques.

Exercices d'entraînement

1 Une application des biotechnologies

1. L'injection d'ADN à des bactéries leur fait acquérir un nouveau caractère : elles sont devenues capables de synthétiser une nouvelle protéine. L'ADN contient donc l'information nécessaire à la réalisation d'un caractère.

2. On appelle gène le fragment d'ADN contenant l'information nécessaire à la réalisation d'un caractère.

3. Le transfert d'un gène d'une espèce à une autre se nomme la transgenèse.

4. L'information contenue dans l'ADN humain peut être décodée par une bactérie, c'est-à-dire une espèce différente. La molécule d'ADN est universelle.

5. Toutes les cellules d'un organisme contiennent la même information génétique, héritée de la cellule-œuf initiale. Au cours du développement, les cellules se spécialisent et n'expriment qu'une partie de l'information génétique.

2 Une analyse comparée de molécules d'ADN

1. On remarque qu'à l'intérieur de chaque espèce, les proportions des nucléotides A et T sont identiques, de même que celles de G et C.

2. Cette égalité de proportion s'explique par le fait que la molécule d'ADN est formée de deux brins complémentaires, tels que les A d'un brin s'associent aux T de l'autre brin, et les G s'associent aux C.

> **L'astuce du prof**
> Attention à comparer le tableau par ligne ou par colonne selon la question posée.

3. Les proportions de nucléotides à l'intérieur de la molécule d'ADN ne sont pas les mêmes d'une espèce à l'autre. En effet, la succession de nucléotides (ou séquence) d'une molécule d'ADN constitue l'information génétique, différente selon les espèces.

3 Les végétaux, des organismes autotrophes

1. Ces deux cellules présentent des compartiments membranaires (organites et noyau). Ce sont des cellules eucaryotes.

2. Elles sont limitées par une paroi rigide qui leur confère une forme propre.

3. À la différence des cellules de racine, les cellules de feuilles contiennent des chloroplastes.

4. La diminution du taux de dioxygène dans les cellules de racine montre qu'elles consomment du dioxygène au cours de la respiration. À la lumière, dans les cellules de feuilles, la concentration en dioxygène augmente au cours du temps. Le dégagement de dioxygène observé est caractéristique d'une activité photosynthétique (qui masque la respiration). C'est dans les chloroplastes présents dans les cellules de feuilles qu'est réalisée la photosynthèse.

> **L'astuce du prof**
> La photosynthèse masque la respiration car elle dégage plus d'O_2 que la respiration n'en consomme.

5. La photosynthèse réalisée à la lumière dans les feuilles permet la production de matière organique utilisable par toutes les cellules. En effet, les composés formés dans les feuilles circulent en direction de tous les organes non photosynthétiques (racines, fruits).

4 Différenciation des cellules musculaires

1. La cellule à l'origine de la fibre musculaire se multiplie pour former plusieurs cellules. Celles-ci s'allongent puis fusionnent pour former d'abord un tube puis une cellule plurinucléée, laquelle devient par la suite une fibre musculaire.

2. L'inactivation du gène MyoD empêche la cellule indifférenciée de devenir une cellule musculaire. Ce gène est donc responsable de la différenciation des cellules musculaires.

3. Les cellules chez lesquelles le gène MyoD est inactivé ont peu de noyaux, contrairement à celles où il est activé. Or c'est la fusion de plusieurs cellules entre elles qui aboutit à la formation d'une cellule à plusieurs noyaux. On peut donc en déduire que le gène MyoD active la fusion entre cellules.

5 La spécialisation des spermatozoïdes

Réflexe à avoir

Pensez qu'un déplacement nécessite de l'énergie !

1. La partie terminale du spermatozoïde est constituée d'un flagelle mobile dont les ondulations permettent d'avancer. D'autre part, pour se déplacer, la cellule doit disposer d'énergie. La partie du flagelle située après la tête du spermatozoïde, la pièce intermédiaire, est constituée d'un ensemble de mitochondries, des organites spécialisés dans la respiration, c'est-à-dire la libération d'énergie. On compare cette pièce intermédiaire à la centrale énergétique du spermatozoïde.

2. Lors de la fécondation, le spermatozoïde doit percer les enveloppes de l'ovule puis y injecter son noyau qui par la suite fusionne avec celui de l'ovule. Il possède un acrosome, une poche d'enzymes capables de digérer les enveloppes de l'ovule. Une fois ceci fait, la position du noyau juste derrière l'acrosome maintenant disparu, facilite le déversement du noyau du spermatozoïde dans l'ovule. Enfin, le noyau est compact, une caractéristique favorable à sa pénétration dans l'ovule.

3. La spermatide a une forme de cellule ordinaire, sans particularité favorisant la fécondation. Elle possède néanmoins une ébauche d'acrosome qui va se développer progressivement d'une part, migrer d'autre part devant le noyau, à l'endroit qui deviendra l'avant du spermatozoïde.
La majeure partie du cytoplasme est éliminée, ce qui explique la taille réduite de la cellule. Par ailleurs, le noyau devient de plus en plus compact. À l'arrière de celui-ci, des filaments s'assemblent pour former le flagelle. Enfin, les mitochondries, d'abord dispersées dans le cytoplasme, se rassemblent à l'arrière de la cellule et finissent par se placer autour du flagelle et former ainsi la pièce principale, structure essentielle pour le déplacement du spermatozoïde.

CHAPITRE 2

La biodiversité actuelle et passée

1 Les différentes formes de la biodiversité

De quoi s'agit-il ? Le monde vivant est caractérisé par sa diversité ou biodiversité. Celle-ci peut être définie à différents niveaux.

1 La diversité des écosystèmes et des espèces

- Le monde vivant est organisé en écosystèmes (océans, forêts, prairies…), constitués chacun d'un ensemble d'êtres vivants, la biocénose, et d'un environnement, le biotope.
- Les êtres vivants d'un écosystème occupent un biotope donné (**Doc. 1**) qui correspond à leurs besoins en eau, chaleur, nourriture…
- Chaque écosystème est occupé par un nombre variable d'espèces. La diversité des espèces dans un écosystème est mesurée par le nombre d'espèces différentes qu'il renferme et éventuellement par le nombre d'individus de chaque espèce.
- La biodiversité n'est pas répartie sur Terre de façon homogène. Elle est particulièrement riche dans les régions tropicales et méditerranéennes dans lesquelles vivent de nombreuses espèces spécifiques.

2 La diversité génétique

- On définit une espèce comme un ensemble d'individus interféconds qui engendrent une descendance viable et fertile. Tous possèdent des caractères communs, propres à l'espèce. Néanmoins, ces caractères communs existent sous des formes variables d'un individu à l'autre.
- La diversité des caractères au sein de l'espèce repose sur une diversité génétique. En effet, les individus d'une même espèce possèdent les mêmes gènes mais sous des versions différentes, les allèles. Par exemple, dans l'espèce humaine, le gène des groupes sanguins existe sous trois allèles différents A, B et O.
- Les allèles d'un même gène sont issus de mutations (**Doc. 2**). Ce sont des événements qui se produisent au hasard et modifient la séquence de nucléotides de l'ADN. Ces changements, qui modifient l'information génétique, sont susceptibles d'être transmis de génération en génération et de se répandre à l'intérieur de l'espèce.

Doc. 1 La répartition du Chêne pédonculé

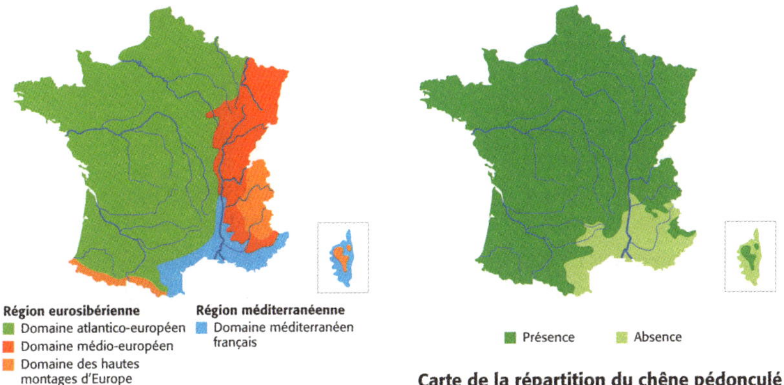

Carte des facteurs climatiques

Carte de la répartition du chêne pédonculé en France métropolitaine

Doc. 2 Deux allèles d'un même gène

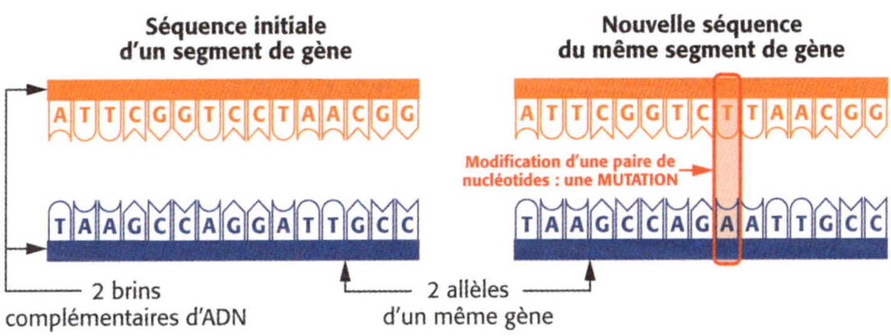

Vocabulaire

Écosystème : ensemble formé par une communauté d'êtres vivants qui établissent des relations entre eux (biocénose) et avec leur environnement (biotope).

Espèce : groupe d'individus dotés de caractères communs, qui sont interféconds et engendrent une descendance viable et fertile.

Interféconds : capables de se reproduire entre eux.

Diversité génétique : variabilité des allèles au sein d'une même espèce.

Allèle : version d'un gène caractérisée par une séquence particulière.

Mutations : modifications aléatoires de la séquence d'ADN.

2 La biodiversité du passé

De quoi s'agit-il ? L'étude de la biodiversité du passé par l'examen des fossiles montre que l'état actuel de la biodiversité correspond à une étape de l'histoire du vivant.

1 Une biodiversité en perpétuelle variation

- Les roches sédimentaires ont conservé sous forme de fossiles les restes des espèces animales et végétales aujourd'hui disparues, constituant la biodiversité du passé.
- La disposition de ces roches en couches superposées, chacune formée à une époque donnée, permet de reconstituer la biodiversité à différentes périodes. Elle montre que les faunes et les flores se sont modifiées au cours du temps (**Doc.**).
- Si la vie est apparue il y a 3,5 milliards d'années sous forme unicellulaire, les premiers organismes pluricellulaires retrouvés dans des gisements de fossiles sont datés de moins de 600 millions d'années. Les formes existantes alors sont peu ressemblantes aux formes actuelles.
- L'ère primaire (– 541 à – 252 millions d'années) est caractérisée par la diversification des pluricellulaires, d'abord des invertébrés à corps mou, puis à carapace et coquille, puis des vertébrés marins qui colonisent dans un second temps le milieu continental. Les fougères géantes dominent chez les végétaux.
- L'ère secondaire (– 252 à – 66 millions d'années) est celle des grands reptiles comme les Dinosaures, des Ammonites, et des Conifères chez les végétaux.
- À l'ère Tertiaire (– 66 millions d'années à aujourd'hui), les grands oiseaux non volants sont d'abord dominants, puis des mammifères se développent, ainsi que les plantes à fleurs. Plus récemment, la lignée humaine se sépare de celle des grands singes.

2 Un renouvellement des espèces

- La succession de biodiversités différentes au cours de l'histoire de la Terre témoigne d'une disparition continuelle des espèces et des groupes.
- Néanmoins, certains groupes se sont maintenus, en particulier les plus vastes : insectes, mammifères, mollusques… À l'intérieur de chacun, de nouvelles espèces sont apparues.
- La biodiversité actuelle est le résultat de l'évolution de la biodiversité du passé. Ainsi, l'état actuel de la biodiversité correspond à une étape du monde vivant : les espèces actuelles correspondent à une infime partie des espèces (environ 1 %) ayant existé depuis les débuts de la vie.

Doc. Évolution de la biodiversité

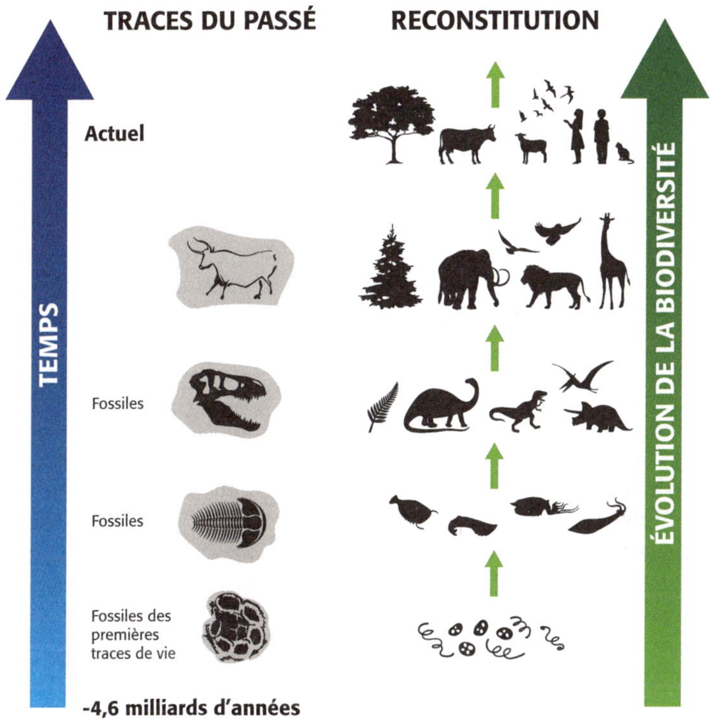

Vocabulaire

Roches sédimentaires : roches formées par dépôt de sédiments.

Fossiles : restes ou traces d'êtres vivants aujourd'hui disparus.

Ammonites : animaux marins à coquille enroulée, appartenant au groupe des mollusques céphalopodes.

Conifère : groupe d'arbres produisant des fruits en forme de cônes (pin, sapin…).

Lignée humaine : groupes d'êtres vivants descendant du dernier ancêtre commun de l'Homme et de son plus proche parent actuel, le chimpanzé.

Évolution : processus à l'origine de l'apparition de nouvelles espèces à partir d'espèces préexistantes.

3 Les crises biologiques, des bouleversements de la biodiversité

De quoi s'agit-il ? L'histoire du monde vivant est marquée par des crises biologiques, périodes au cours desquelles le renouvellement de la biodiversité s'est produit de façon massive et brutale.

1 Des extinctions massives

- À la limite Crétacé – Paléocène, il y a 66 millions d'années, de nombreux groupes d'êtres vivants disparaissent brutalement (**Doc. 1**) :

– les Dinosaures (reptiles ou Archosauriens), groupe dominant pendant l'ère Secondaire ainsi que les Ptérosaures (reptiles volants) et les Plésiosaures ;

– les Ammonites (mollusques) ;

– 90 % des genres de protozoaires, organismes unicellulaires.

- On estime ainsi que 60 à 75 % des espèces s'éteignirent à la limite Crétacé – Paléocène. Ces disparitions ont un caractère massif et soudain. Elles concernent des formes variées, microscopiques comme géantes, des invertébrés comme des vertébrés, des animaux comme des végétaux.
- Tous les milieux de vie, marin comme continental, sont concernés, en tout point du globe et sur une courte durée à l'échelle des temps géologiques (quelques centaines de milliers d'années). On parle ainsi de crise biologique.
- Cette crise biologique s'explique sans doute par un bouleversement des conditions du milieu lié à la chute d'une grosse météorite et à la répétition d'épisodes volcaniques.

2 Une diversification des êtres vivants

- L'étude des roches postérieures à – 66 millions d'années montre le développement de nombreux groupes d'êtres vivants (**Doc. 1**), mammifères, oiseaux, insectes et plantes à fleurs. Déjà présents auparavant, ces groupes étaient alors peu diversifiés, avec un nombre d'espèces plus réduit.
- On explique ce renouvellement par la libération de niches écologiques, occupées auparavant par les espèces éteintes avec la crise. Par exemple, la disparition des Dinosaures a permis le développement et la diversification des mammifères, les deux groupes occupant les mêmes milieux.
- Ainsi, au cours du temps (**Doc. 2**), plusieurs crises biologiques se sont succédées (à la fin du Permien, du Trias et du Crétacé) au cours desquelles la disparition de groupes et d'espèces est suivie par la diversification des groupes survivants. Les crises sont des facteurs majeurs de l'évolution de la biodiversité au cours du temps.

Doc. 1 Une crise de la biodiversité à la fin du Crétacé

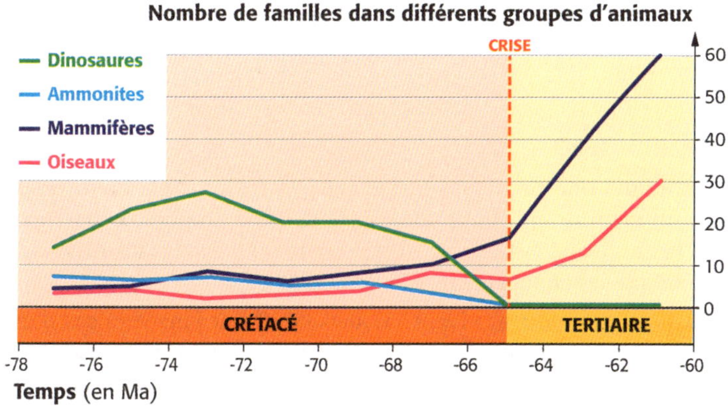

Doc. 2 Biodiversité des organismes marins au cours du temps

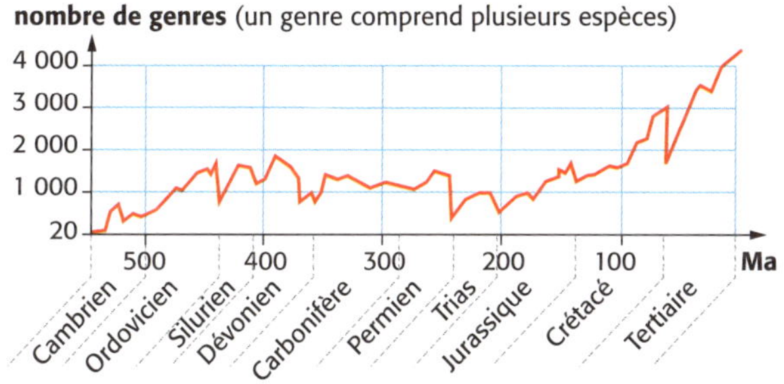

Vocabulaire

Crise biologique : modification brutale et massive de la biosphère.

Crétacé : période géologique (– 145 à – 66 Ma) marquant la fin de l'ère Secondaire.

Paléocène : période marquant le début de l'ère Tertiaire.

Archosauriens : nom donné dans la classification à l'ensemble formé par le groupe des reptiles et celui des oiseaux.

Plésiosaures : grands vertébrés marins proches des reptiles, vivant à l'ère Secondaire.

Niche écologique : désigne à la fois le milieu de vie et les ressources nécessaires à la survie d'une espèce.

4 L'évolution récente de la biodiversité

De quoi s'agit-il ? La biodiversité continue aujourd'hui à évoluer, sous l'action de l'Homme ou indépendamment de celui-ci.

1 Une évolution rapide

- Les scientifiques ont longtemps pensé que l'évolution de la biodiversité s'était déroulée à un rythme lent. Cette idée, juste dans de nombreux cas, reposait sur le fait que la biodiversité du passé n'est connue qu'à travers les fossiles, lesquels n'enregistrent pas les changements rapides.
- Or des études sur les êtres vivants actuels montrent plusieurs cas d'évolution rapide. Par exemple, cinq couples de lézards des ruines (*Podarcis sicula*) introduits dans la petite île de Pod Mrcaru (mer Adriatique), ont donné naissance en une trentaine d'années à un millier d'individus plus gros, avec des mâchoires plus développées, des pattes plus petites ainsi qu'un appareil digestif modifié. Leur mode de vie et leur comportement ont changé : autrefois insectivores, ils sont devenus phytophages et en même temps, moins agressifs et moins agiles. Les scientifiques considèrent qu'une nouvelle espèce est en train de se former.

2 Une évolution sous influence de l'Homme

- La biodiversité n'est pas répartie sur Terre de façon homogène. Ainsi, 44 % des espèces de plantes et 35 % de celles de vertébrés terrestres sont localisées sur seulement 1,4 % de la surface des continents.
- Des recensements périodiques montrent, pour certaines espèces, une diminution du nombre d'individus ainsi que de leur répartition géographique, voire une menace d'extinction.
- Aussi la diminution de la biodiversité ces dernières décennies a amené les scientifiques à établir des « points chauds de la biodiversité » (**Doc. 1**). Ce sont des zones renfermant de nombreuses espèces endémiques et dans lesquelles 70 % des milieux d'origine (forêts, zones humides, marais…) ont disparu, et avec eux de nombreuses espèces.
- Les activités humaines en modifiant les conditions de vie des espèces peuvent entrainer leur disparition (**Doc. 2**). Ces phénomènes d'extinction sont suffisamment rapides et massifs pour que les scientifiques parlent de « 6e crise biologique », la 5e étant la crise Crétacé-Paléocène.
- Des mesures de conservation sont mises en place, avec un double objectif : préserver ces espèces sans empêcher les activités humaines nécessaires.

Doc. 1 Les points chauds de la biodiversité

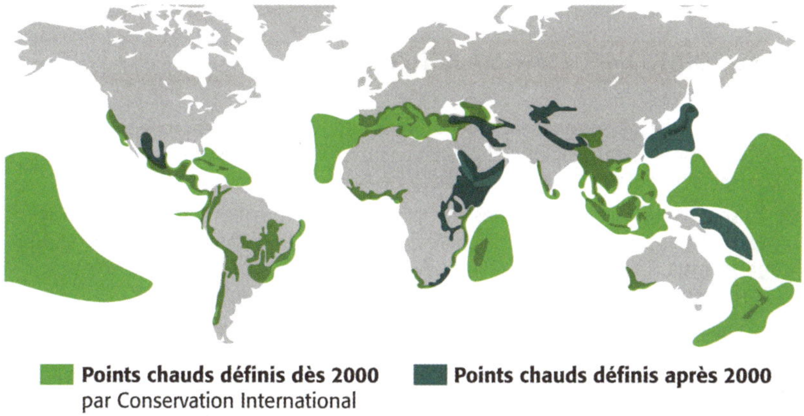

Doc. 2 Les causes des extinctions liées aux activités humaines

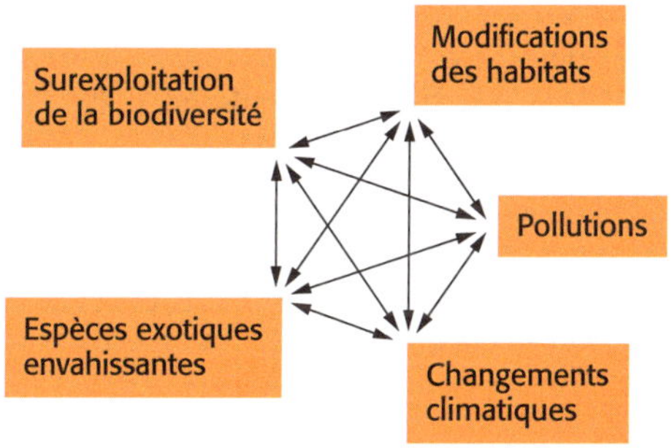

Vocabulaire

Évolution rapide : changement à l'intérieur de la biodiversité qui se produit en quelques années.

Insectivore : qui se nourrit d'insectes.

Phytophages : êtres vivants qui se nourrissent de végétaux.

Espèces endémiques : espèces ne vivant que dans une région déterminée.

Mesures de conservation : dispositifs permettant de protéger les espèces et d'assurer leur pérennité.

RÉVISION EXPRESS

LES POINTS IMPORTANTS À RETENIR

- La **biodiversité** désigne la diversité du monde vivant, à chacun de ses niveaux d'organisation. Ainsi, la biosphère est organisée en **écosystèmes**, eux-mêmes peuplés de différentes **espèces** liées à un biotope particulier.
- Au sein d'une même espèce, les individus se ressemblent et sont **interféconds**. Pourtant, ils présentent une diversité de caractères qui repose sur une **variabilité génétique**. En effet, tous les membres d'une même espèce possèdent les mêmes gènes mais avec des versions différentes, les **allèles**.
- Les allèles sont issus d'événements aléatoires, les **mutations**, qui se sont produites au cours des générations.
- L'étude des **fossiles** montre que la biodiversité s'est renouvelée au cours des temps géologiques. Des groupes et des espèces ont disparu, d'autres sont apparus, la biodiversité a évolué et a pris la forme qu'on lui connaît aujourd'hui.
- À certaines périodes, le renouvellement de la biodiversité a été brutal et massif. De nombreux groupes et espèces ont disparu tandis que d'autres en ont profité pour se développer. On parle de **crises biologiques**.
  Celles-ci ont pour origine des événements perturbant le fonctionnement des écosystèmes (chute d'une grosse météorite, répétition d'épisodes volcaniques…). L'évolution de la biodiversité peut être un phénomène rapide, on connaît aujourd'hui des espèces qui placées dans de nouvelles conditions se transforment rapidement. Un nombre de plus en plus grand d'espèces actuelles sont considérées comme en voie **d'extinction**.
- Les **activités humaines**, modification des habitats, pollution changement climatique… modifient les conditions de vie des espèces, ce qui peut entraîner leur disparition.

LES MOTS IMPORTANTS

- Biodiversité
- Écosystème
- Biocénose
- Biotope
- Espèce
- Interfécondité
- Diversité génétique
- Allèle
- Mutation
- Fossile
- Crise biologique
- Diversification
- Extinctions
- Évolution
- Activités humaines
- Mesures de conservation

LE SCHÉMA IMPORTANT À RETENIR

Les différentes formes de la biodiversité

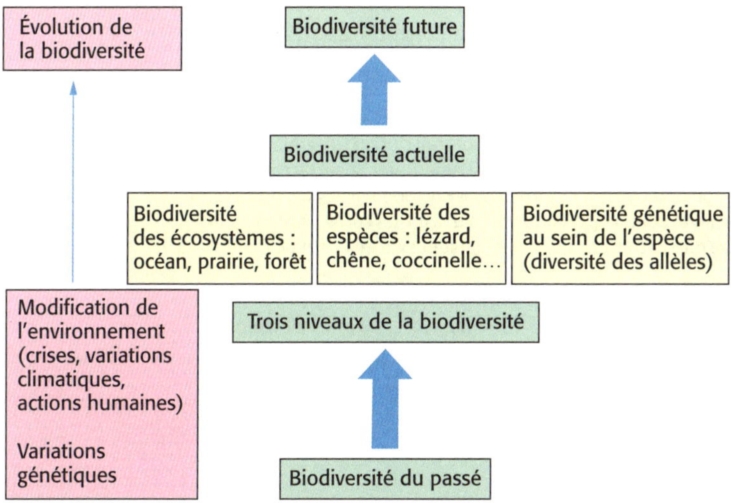

Quiz

1. Les individus d'une même espèce possèdent les mêmes gènes.
☐ Vrai ☐ Faux

2. L'évolution de la biodiversité peut s'observer sur une courte échelle de temps.
☐ Vrai ☐ Faux

3. Les crises biologiques sont marquées par une diversification du monde vivant.
☐ Vrai ☐ Faux

4. Citer deux causes humaines d'une diminution de la biodiversité.

5. Un écosystème est composé d'une biocénose et d'un biotope.
☐ Vrai ☐ Faux

→ **Réponses p. 49**

Exploiter et relier des données

ÉNONCÉ

La disparition du Mammouth laineux, survenue il y a 4000 ans, intrigue les scientifiques qui cherchent à en comprendre les causes.

Doc. 1

Le milieu de vie du Mammouth laineux, la « steppe-toundra », caractérisé par une végétation rase dont il se nourrissait, se rencontrait durant la dernière ère glaciaire dans le nord de l'Asie, en Europe et au nord de l'Amérique. La surface de cette steppe est passée de 7 700 000 km² il y a 42 000 ans à 800 000 km² il y a 6 000 ans.
Cet animal était bien adapté au froid, avec un corps couvert de fourrure, des oreilles et une queue courtes, limitant les risques de gelure et de déperdition de chaleur.

Doc. 2 Variation des effectifs des Mammouths au cours du temps

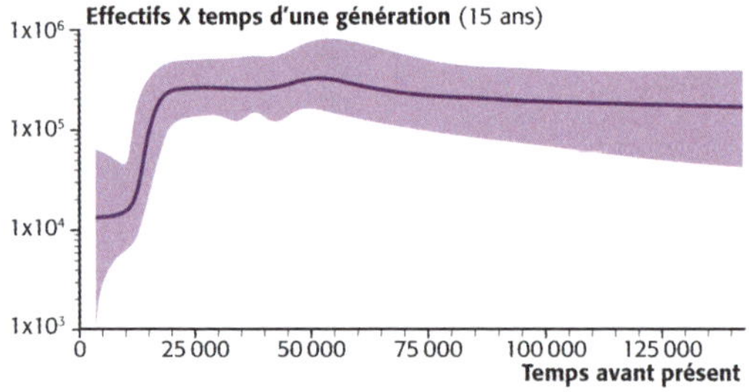

Doc. 3 Température moyenne à la surface de la Terre au cours des derniers 40 000 ans

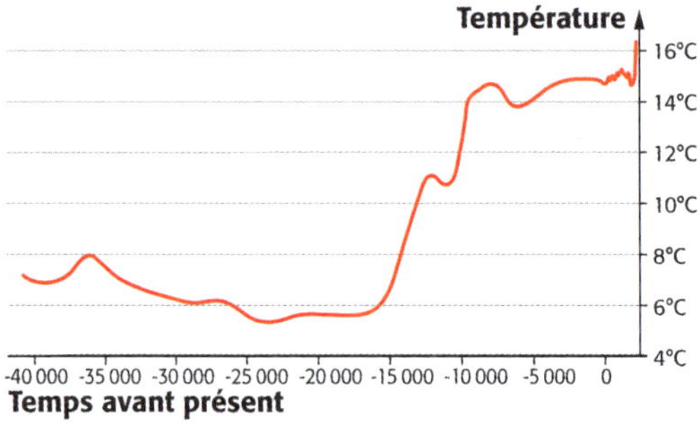

Exploitez les documents, dans l'ordre le plus judicieux, pour mettre en évidence une des causes possibles de la disparition du Mammouth laineux.

MÉTHODE

Il s'agit de résoudre un problème par la mise en relation de documents.

Il faut chercher dans le **Doc. 1** des informations en rapport avec la disparition de cette espèce.

Sur le **Doc. 2**, il faut repérer sur la courbe la partie remarquable, celle où les effectifs s'effondrent. Attention à la lecture du document : le présent correspond au 0 !

Enfin le **Doc. 3** peut fournir une cause possible de sa disparition. Mais l'explication n'est peut-être pas si simple qu'il n'y paraît.

CORRIGÉ

Le Mammouth laineux a été une espèce florissante il y a quelques centaines de milliers d'années. On cherche à connaître les causes de sa disparition.
La surface de la steppe-toundra a été réduite (**Doc. 1**) d'un facteur 10 environ, en quelques dizaines de milliers d'années. On peut se demander si cela n'est pas la cause de la disparition des Mammouths laineux.
La population de Mammouths laineux, relativement constante (**Doc. 2**) pendant des dizaines de milliers d'années, s'est effondrée brutalement entre –20 000 et –10 000 ans environ.
Durant cette période, les températures moyennes ont augmenté (**Doc. 3**) de façon significative (de 6 à 15 °C). Or le Mammouth laineux est un animal adapté au froid (**Doc. 1**). On peut donc supposer que ces adaptations ne lui ont pas permis de supporter un réchauffement.
Néanmoins, lors d'un réchauffement climatique, il arrive que les espèces migrent vers le nord pour retrouver des conditions climatiques favorables, ce qui n'a pas été le cas du Mammouth. Sa disparition a donc d'autres explications que celles des simples adaptations au froid.
En effet, le réchauffement a un impact sur la végétation et par conséquent sur le milieu de vie des espèces. Ainsi, le **Doc. 1** mentionne une diminution de la surface de la steppe entre –42 000 et –6 000 ans.
En reliant les données, on peut penser qu'un réchauffement climatique a provoqué une régression du milieu de vie du Mammouth, en même temps qu'une inadaptation de l'animal à des conditions climatiques devenues défavorables, l'ensemble ayant provoqué son déclin.

Vérification des connaissances

Pour chaque question ou affirmation, il y a entre 0 et 3 bonnes réponses.

1. Un écosystème se définit par :
a. un milieu et les êtres vivants qui l'occupent ;
b. une biocénose et un biotope ;
c. un milieu avec ses caractéristiques physico-chimiques.

2. Les différents allèles d'un même gène :
a. sont issus de mutations ;
b. contrôlent des caractères différents ;
c. participent à la diversité des espèces.

3. La biodiversité actuelle :
a. ne subit plus d'évolution ;
b. est une étape de l'histoire du vivant ;
c. peut se définir à différentes échelles.

4. Les crises biologiques sont :
a. dues à des variations des conditions de l'environnement ;
b. responsables de nombreuses extinctions ;
c. de longue durée.

5. La biodiversité du passé :
a. est identique à la biodiversité actuelle ;
b. peut se reconstituer à l'aide des fossiles ;
c. traduit une évolution du monde vivant.

6. L'Homme agit sur la biodiversité en :
a. protégeant les espèces menacées ;
b. augmentant les surfaces cultivées ;
c. polluant les rivières.

7. Une espèce se définit comme un ensemble d'individus :
a. partageant les mêmes gènes ;
b. interféconds et dont la descendance est fertile ;
c. présentant des caractères communs.

Exercices d'entraînement

1 Évaluer la biodiversité

Exploitation de document

Les biomasses des six grands groupes d'êtres vivants ont été représentées par un diagramme sur lequel la surface de chaque groupe est proportionnelle à sa biomasse (A). La répartition des différents groupes à l'intérieur de celui des animaux est représentée sur le graphique B.

Doc.

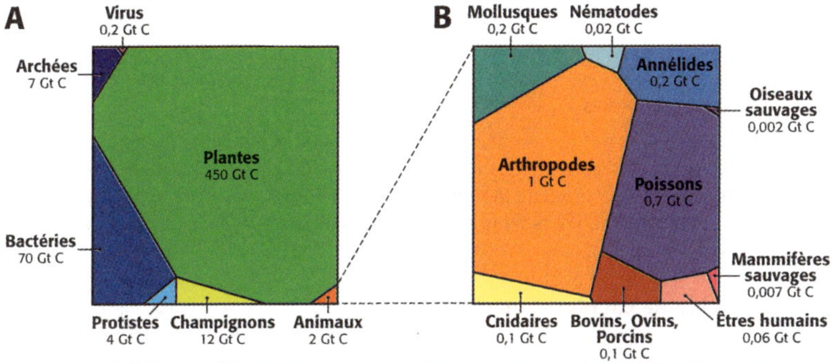

(Archées : groupe de bactéries – Protistes : animaux unicellulaires – Arthropodes : insectes, crustacés..., Nématodes : vers de très petite taille – Annélides : vers de terre... – Cnidaires : Méduses et coraux) – Gt C = gigatonnes de carbone.

QUESTIONS

1. Indiquez le groupe d'êtres vivants le plus important par sa biomasse. Indiquez ensuite le moins important (à l'exception des virus).

2. Calculez pour chacun sa biomasse en pourcentage.

3. Quelle influence de l'Homme sur la biomasse animale est montrée par le graphique B ?

2 La lutte contre une espèce invasive

Exploitation de documents

Les espèces invasives sont, après la destruction des milieux, la deuxième cause de disparition des espèces. À l'aide des documents suivants, on cherche à comprendre les raisons de la prolifération de l'une d'entre elles, le Surmulot, et à en déterminer les effets sur les autres êtres vivants.

Doc. 1 Une espèce invasive

Le Rat surmulot ou Surmulot (ou encore Rat brun), originaire de Chine ou de Mongolie, est présent en Europe au moins depuis les années 1700, en France notamment où il a colonisé tout le territoire.

C'est un omnivore opportuniste, se nourrissant de ce qu'il trouve : céréales, graines mais aussi souris, lézards, poussins, œufs et invertébrés (coléoptères, araignées...).

Il peut avoir jusqu'à 7 portées par an, une seule femelle donnant alors naissance à une soixantaine de petits. C'est un bon nageur, son habitat d'origine se situant aux abords des cours d'eau. Là, il creuse un grand terrier ramifié pour y construire son nid.

Le Surmulot entre en compétition avec une autre espèce invasive, le Rat noir, avec lequel il présente des similitudes pour le mode de vie comme pour le régime alimentaire. Mais, là où il s'installe, le Surmulot, plus gros et plus agressif, a tendance à chasser le Rat noir.

Doc. 2 Résultats d'une campagne d'éradication

Face aux dégâts causés par cet animal, en particulier sur les oiseaux marins dont il consomme les œufs et les poussins, une campagne d'éradication a été menée en 1996 dans une petite île de l'archipel de Molène, l'île de Trielen. Par ailleurs, un comptage de plusieurs couples nicheurs de trois espèces d'oiseaux, a été réalisé avant et après la campagne d'éradication.

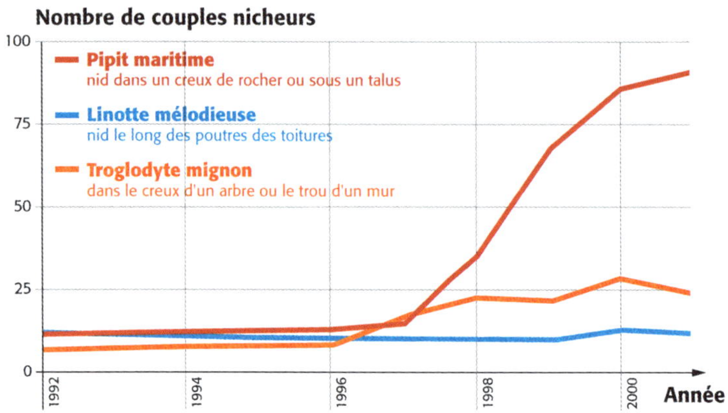

QUESTIONS

1. Recherchez les caractéristiques qui font du Surmulot une espèce invasive performante.

2. Décrivez et expliquez l'évolution du Troglodyte mignon et du Pipit maritime.

3. Comparez avec la Linotte mélodieuse. Expliquez la différence constatée.

3 Crise biologique et renouvellement des espèces

Exploitation de document

Les Brachiopodes et les Mollusques lamellibranches sont deux groupes d'invertébrés à coquille, vivant sur les fonds marins et côtiers et se nourrissant de particules en suspension dans l'eau. L'évolution du nombre de genres (ensemble de plusieurs espèces) de ces deux groupes, entre l'ère Primaire (Paléozoïque) et l'ère Secondaire et Tertiaire (Mésozoïque et Cénozoïque), est représentée par le graphique suivant.

Doc.

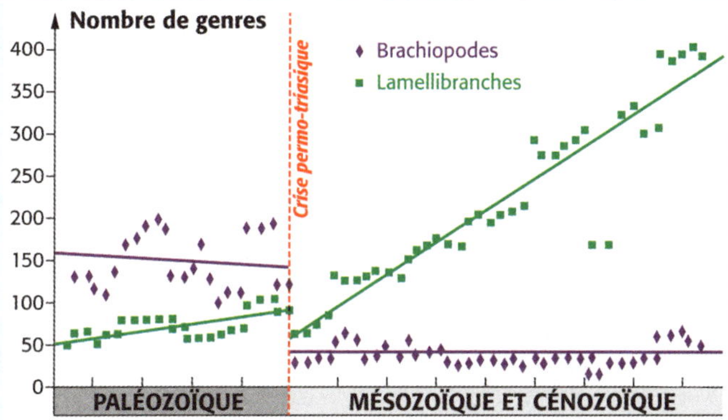

QUESTIONS

1. Comparez l'évolution du nombre de genres de ces deux groupes au cours du temps.

2. En quoi cette évolution semble-t-elle témoigner de l'existence d'une crise entre le Paléozoïque et le Mésozoïque ?

3. En tenant compte des informations données, expliquez comment l'importance relative de ces deux groupes a pu s'inverser.

4 Des fleurs au sommet des montagnes

Exploitation de document

Des enquêtes concernant la biodiversité ont été réalisées en 1900, 1980 et 2003, sur quelques-uns des sommets des Alpes suisses, situés entre 2 900 et 3 300 m d'altitude.

Doc. **Évolution du nombre d'espèces de plantes à fleur et de fougères sur trois sommets des Alpes suisses**

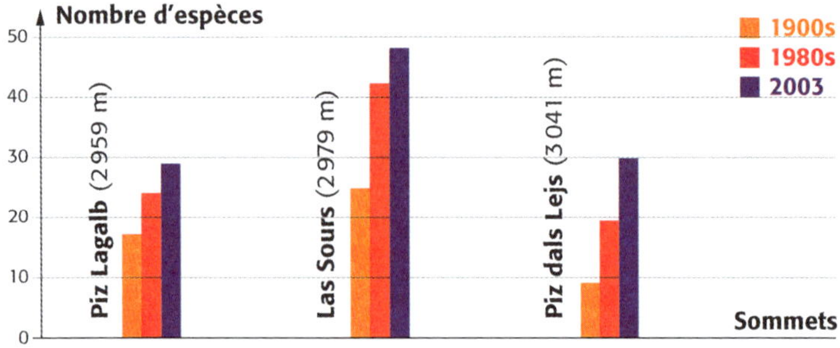

QUESTIONS

1. Décrivez l'évolution au cours du temps du nombre d'espèces de plantes à fleur et de fougères sur l'ensemble de ces sommets.

2. Proposez une hypothèse pour expliquer cette évolution.

3. Les nouvelles espèces apparues sur les sommets sont celles que l'on trouvait auparavant à une altitude inférieure. Cela confirme-t-il votre hypothèse. Pourquoi ?

4. Indiquez quel problème pose ce changement pour la biodiversité.

Quiz

1 **Vrai**, mais ils ne possèdent pas les mêmes allèles. **2** **Vrai**, elle peut s'observer à l'échelle humaine. **3** **Vrai**, les espèces éteintes sont remplacées par de nouvelles espèces qui occupent les niches écologiques laissées vacantes. **4** La diminution des surfaces naturelles, la pollution, l'introduction d'espèces invasives peuvent entraîner une diminution de la biodiversité. **5** **Vrai**.

Vérification des connaissances

1 **a.** et **b.** sont vraies. **c.** est fausse car l'écosystème se définit également par les êtres vivants qui l'occupent, c'est-à-dire la biocénose. **2** **a.** est vraie. **b.** est fausse, ils contrôlent des formes différentes du même caractère. **c.** est fausse, ils participent à la diversité des individus au sein d'une même espèce. **3** **a.** est fausse, **b.** et **c.** sont vraies. **4** **a.** et **b.** sont vraies. **c.** est fausse, les crises se produisent brutalement sur une courte durée. **5** **a.** est fausse. **b.** et **c.** sont vraies. **6** **a.** est vraie. **b.** et **c.** sont également vraies, mais dans ce cas l'Homme est responsable d'une diminution de la biodiversité. **7** **a.** et **b.** sont vraies. **c.** est fausse, même si tous les individus d'une même espèce présentent des caractères communs, des individus peuvent partager des caractères communs sans appartenir à la même espèce.

Exercices d'entraînement

1 Évaluer la biodiversité

1. L'essentiel de la biomasse terrestre est constitué par les plantes. La biomasse la moins importante (à l'exception des virus) est celle des animaux.

2. La biomasse totale est de 545,2 Gt.

La biomasse des plantes est : $\frac{450}{545,2} \times 100 = 82,5\ \%$.

La biomasse des animaux est : $\frac{2}{545,2} \times 100 = 3,6\ \%$.

3. L'Homme a favorisé une partie de la biomasse animale en développant l'élevage. Ainsi, la biomasse des bovins ovins et porcins est environ 15 fois supérieure à celle des mammifères sauvages.

2 La lutte contre une espèce invasive

1. Une espèce est d'autant plus performante pour envahir un milieu que ses besoins sont peu spécifiques, et donc facilement satisfaits dans un nouveau milieu. C'est le cas du Surmulot en ce qui concerne son régime alimentaire. Il faut aussi que l'espèce soit prolifique (une femelle de Surmulot donne naissance à une soixantaine de petits par an). Par ailleurs, elle doit posséder des aptitudes lui permettant d'évoluer dans son nouveau milieu. Or le Surmulot est capable de nager efficacement, de construire son terrier sur des berges humides, ce qui est compatible avec l'environnement d'une île. Enfin, il doit pouvoir lutter contre la concurrence, c'est le cas pour le Surmulot vis-à-vis du Rat noir.

2. À partir de 1996, année d'éradication du Surmulot, le nombre de couples d'oiseaux nicheurs augmente, aussi bien pour le Troglodyte que pour le Pipit. Cela semble indiquer que la campagne d'éradication a été efficace et que la présence du Surmulot, par une pression de prédation exercée sur chacune de ces deux espèces, limitait fortement leur expansion.

3. Chez la Linotte, contrairement aux deux autres espèces d'oiseaux, le nombre de couples nicheurs n'évolue pas après éradication du Surmulot. Pour expliquer ce fait, on peut observer que chez les trois espèces les modes de nidification sont différents : en effet, la Linotte mélodieuse construit son nid le long des poutres des toitures, bien à l'écart du milieu où vit le Surmulot (terrier). À l'inverse, le Pipit maritime établit son nid dans le creux d'un rocher ou un talus, c'est-à-dire dans l'environnement immédiat du Surmulot. Le Pipit constitue donc une proie naturelle pour le Surmulot et l'éradication de ce dernier permet une hausse des effectifs du Pipit. Concernant la Linotte, on peut supposer que le faible nombre de couples nicheurs avant l'éradication du Surmulot n'était pas dû à sa présence mais à une autre raison.
Quant au Troglodyte mignon, sa situation est intermédiaire à celle des deux autres, son nid étant construit dans le creux d'un arbre ou le trou d'un mur.

3 Crise biologique et renouvellement des espèces

1. Au Paléozoïque, les Brachiopodes sont plus diversifiés que les Lamellibranches. À la limite Paléozoïque-Mésozoïque, l'importance relative des deux groupes s'inverse. Le nombre de genres de Brachiopodes diminue brusquement tandis que le nombre de Lamellibranches augmente.

2. Au début de l'ère Secondaire, les représentants de ces deux groupes sont bien moins nombreux qu'à la fin de l'ère Primaire. Un certain nombre de genres ont donc disparu. De plus, d'après le graphique, ces disparitions se sont produites de façon brutale.
Par ailleurs, après cette période, l'inversion de la dominance d'un groupe par rapport à l'autre montre que les Lamellibranches sont mieux adaptés aux nouvelles conditions. Il semble donc y avoir eu un bouleversement du milieu de vie, une caractéristique des crises biologiques.

3. Ces deux groupes vivent dans le même milieu et y réalisent la même fonction (même mode d'exploitation du milieu, en se nourrissant de particules en suspension dans l'eau). L'extinction d'un grand nombre d'espèces de Brachiopodes au moment de la crise a libéré de l'espace et des ressources et permis l'installation des espèces de Lamellibranches qui ont pu se diversifier. De nouvelles espèces et genres ont alors pu apparaître.
Il faut néanmoins remarquer que pendant le Permien le nombre de genres de Brachiopodes avait commencé à diminuer et laissé la place aux Lamellibranches. Cette variation était lente, la crise l'a amplifiée de façon radicale.

4 Des fleurs au sommet des montagnes

1. Sur l'ensemble de ces sommets, le nombre d'espèces augmente entre 1900 et 2003.

2. Les plantes à fleurs et les fougères ont des exigences écologiques qui les obligent à vivre dans un milieu donné. On peut donc supposer que sur les sommets, une modification des conditions, en particulier des températures plus élevées avec le réchauffement climatique, a permis aux plantes de se développer à de plus hautes altitudes qu'auparavant.

3. La présence de ces mêmes plantes à des altitudes plus élevées qu'auparavant confirme cette hypothèse. Elles se sont dispersées progressivement grâce à leurs graines et ont pu coloniser un nouveau milieu où les conditions sont devenues favorables grâce au réchauffement.

4. Les nouvelles plantes colonisant les sommets vont entrer en concurrence avec celles déjà présentes. Si elles les éliminent, la biodiversité sera réduite.

CHAPITRE 3

Évolution de la biodiversité

1 Une variation aléatoire de la fréquence allélique

De quoi s'agit-il ? **Dans une population, la fréquence des allèles peut varier au cours du temps par le fait du hasard.**

1 Fréquence allélique au sein d'une population

- Au sein d'une population, les individus se ressemblent car ils appartiennent à la même espèce mais ils présentent néanmoins des caractères différents.
- Ainsi, dans une population de Drosophiles (**Doc. 1**), quelques-unes possèdent des ailes réduites (ailes vestigiales) à la place d'ailes longues. Cette différence est due à l'existence de plusieurs allèles pour un gène contrôlant l'expression du caractère « longueur des ailes ».
- À l'échelle d'une population de Drosophiles, à un moment donné, l'allèle « aile vestigiale » est présent avec une certaine proportion ou fréquence allélique par rapport à l'allèle « aile longue ».
- La fréquence d'un allèle donné varie d'une population à l'autre. Elle peut aussi varier au cours du temps au sein d'une population.

2 La dérive génétique

- Lors de la reproduction sexuée, les allèles se transmettent d'une génération à la suivante. Chaque nouvel individu hérite de façon aléatoire, pour un gène donné, d'un allèle maternel et d'un allèle paternel. Néanmoins, tous les individus ne se reproduisent pas et tous n'ont pas le même nombre de descendants.
- Ainsi, dans une population à petit effectif, la fréquence des allèles varie aléatoirement au cours du temps (**Doc. 2**). Un allèle peut même disparaître en quelques générations. Cette modification aléatoire de la fréquence des allèles au cours du temps est appelée dérive génétique. Elle se produit de façon plus marquée lorsque l'effectif de la population est faible.
- En revanche, dans une population de grande dimension (d'au moins plusieurs milliers d'individus), les variations aléatoires se compensent et la fréquence des allèles reste généralement stable.

Doc. 1 Des Drosophiles aux caractères différents

A ailes normales

B ailes vestigiales

Doc. 2 Variation de la fréquence d'un allèle pour différentes populations
(la fréquence de l'allèle étudié est de 0,5 au départ)

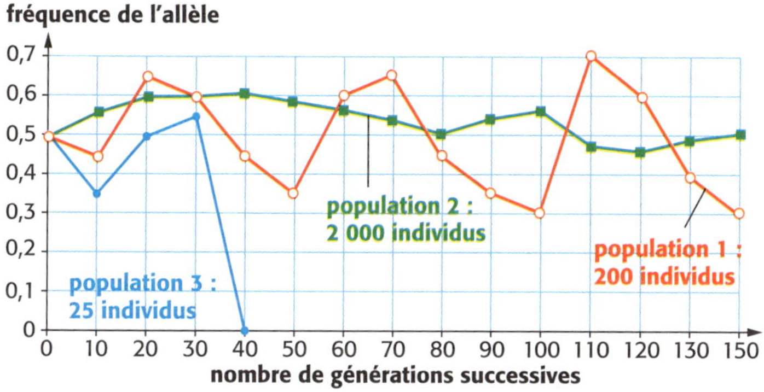

Vocabulaire

Population : ensemble d'individus appartenant à la même espèce et vivant dans un même milieu.

Fréquence allélique : nombre d'un allèle donné sur le nombre total d'allèles du même gène présents dans la population.

Aléatoire : par le fait du hasard.

Dérive génétique : variation aléatoire de la fréquence d'un allèle. Elle est d'autant plus grande que l'effectif de la population est petit.

2 La sélection naturelle

De quoi s'agit-il ? La sélection naturelle est une variation de la fréquence des allèles, produite non pas par le hasard mais par la pression exercée par le milieu sur les êtres vivants.

1 Des allèles avantageux dans un milieu donné

- Dans un milieu donné, certains allèles procurent un avantage aux individus qui les portent. Ainsi, chez la Phalène du Bouleau (papillon de nuit), la couleur du corps est déterminée par un gène dont on connaît deux allèles (clair et sombre), ce dernier étant apparu par mutation, donc au hasard. Sur les troncs de Bouleau blanc, les Phalènes de couleur claire passent inaperçues (**Doc. 1**), ce qui les protège de leurs prédateurs.
- Or, au milieu du XIXe siècle, en Angleterre, avec le développement des industries, la pollution a noirci l'écorce des Bouleaux (tuant les lichens). Les Phalènes claires devenaient alors plus visibles, et dans ces conditions, l'allèle « sombre » s'est révélé avantageux : les individus porteurs de cet allèle avaient plus de chances d'échapper à leurs prédateurs et par conséquent de rester en vie.
- Cette notion d'allèle avantageux est néanmoins relative puisqu'elle dépend des conditions du milieu. En effet, au cours des dernières décennies, la pollution a diminué et les Bouleaux ont retrouvé une couleur plus claire. L'allèle « sombre » devient alors plutôt un handicap.

2 Une variation de la fréquence allélique

- Dans les régions polluées d'Angleterre, en cinquante ans, les Phalènes de couleur sombre remplacent progressivement les Phalènes claires, autrefois majoritaires (**Doc. 2**). En effet les individus porteurs d'un allèle avantageux ont davantage de chances d'arriver à l'âge adulte, de se reproduire et de transmettre cet allèle à leur descendance.
- Ainsi, sous la pression du milieu, la fréquence de l'allèle considéré augmente de génération en génération (**Doc. 3**) : c'est la sélection naturelle positive.

À l'inverse, les allèles à l'origine des caractères défavorables, moins transmis, sont progressivement éliminés : c'est la sélection naturelle négative.

- De cette façon, la sélection naturelle modifie progressivement les fréquences alléliques et par conséquent la diversité génétique des populations.

Doc. 1 Des Phalènes plus ou moins visibles selon le support

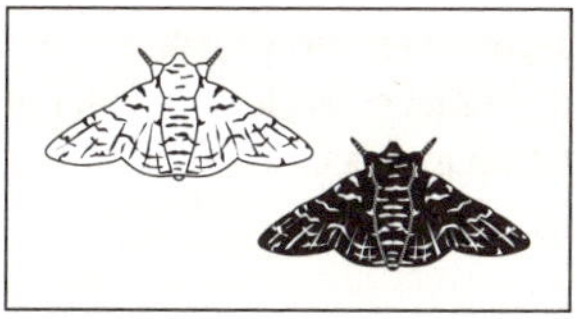

Doc. 2 Fréquence des formes de Phalènes au cours du temps

	Phalènes blanches	Phalènes noires
1850	99 %	1 %
1900	5 %	95 %

Doc. 3 Fréquence des allèles chez la Phalène du Bouleau

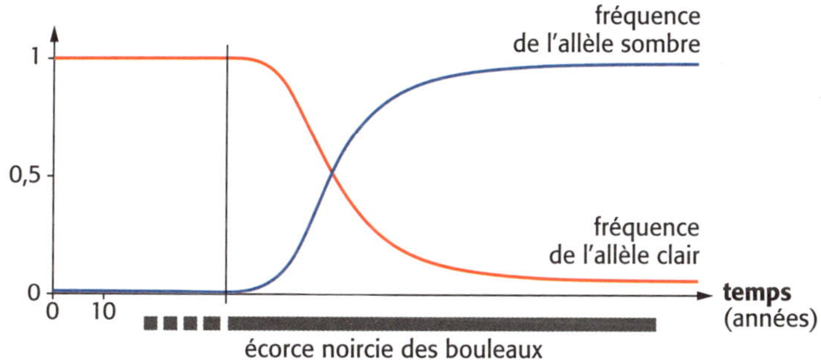

Vocabulaire

Allèle avantageux : allèle qui, dans un milieu donné, fournit aux individus qui le portent plus de chance de parvenir à l'âge adulte et par conséquent de se reproduire.

Sélection naturelle : modification de la fréquence allélique au sein d'une population sous la pression de l'environnement.

3 La formation de nouvelles espèces

De quoi s'agit-il ? **Toutes les populations se séparent en sous-populations au cours du temps à cause de facteurs environnementaux ou génétiques. Par la suite, leur évolution indépendante est à l'origine de la formation de nouvelles espèces.**

1 Les mécanismes d'un isolement reproductif

- Certaines conditions géographiques (création d'un relief, d'un bras de mer...) peuvent amener un groupe d'individus à s'isoler de sa population d'origine ou encore à séparer deux populations génétiquement identiques.
- Par exemple, après une migration vers le sud à la suite d'une glaciation, une population d'oiseaux initiale (**Doc.**) s'est scindée en deux sous-populations isolées par la mer. Étant séparées, ces deux populations ne peuvent plus se reproduire entre elles et s'échanger des allèles. On parle d'isolement reproductif.
- Celui-ci n'est pas toujours dû à des causes géographiques. Des changements de mode de vie pour une partie des individus (passage d'un mode de vie diurne à nocturne), une modification de l'habitat (colonisation par des insectes d'un type d'arbre plutôt qu'un autre) peuvent entraîner une différenciation progressive de deux sous-populations dans un même milieu.
- Enfin, des modifications anatomiques apparues chez quelques individus peuvent rendre l'accouplement impossible et là encore isoler deux populations auparavant interfécondes.

2 Un éloignement génétique

- Au cours du temps, deux populations isolées subissent des mutations et sont soumises à des pressions environnementales différentes. Du fait de la sélection naturelle (et de la dérive génétique en cas de faible effectif), elles s'éloignent génétiquement et leurs caractères se transforment.
- Par exemple, des caractères déterminés génétiquement, comme la nature du chant ou encore la couleur du plumage, peuvent évoluer différemment chez deux populations d'oiseaux séparées (**Doc.**).
- Lorsque suite au réchauffement, après leur remontée vers le nord, les populations d'oiseaux sont réunies, elles ne sont alors plus capables de se reproduire entre elles. Ayant perdu leur interfécondabilité, elles forment alors deux espèces distinctes. C'est la spéciation.
- De cette façon, la biodiversité se modifie au cours du temps.

Doc. **Une spéciation d'origine géographique**

Il y a 30 000 ans

Une espèce d'oiseau vit sur le territoire de la France. Elle possède des caractéristiques qui lui sont propres (forme, couleur, chant du mâle…).

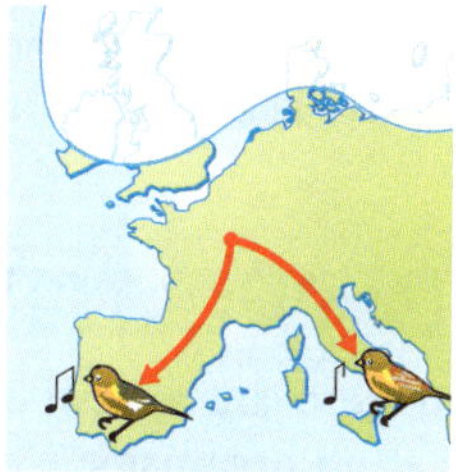

Il y a 15 000 ans

Une glaciation provoque un refroidissement et une migration vers le sud dans deux péninsules (ibérique et italienne). Les deux populations séparées subissent des mutations et deviennent différentes (couleur, chant).

Il y a 5 000 ans

Le réchauffement provoque une migration vers le nord, mais les deux populations sont trop différentes pour se reconnaître et se reproduire entre elles. Elles forment donc deux espèces différentes.

Vocabulaire

Glaciations : périodes froides de l'histoire de la Terre, caractérisées par une extension des glaces.

Isolement reproductif : mécanisme empêchant deux populations de la même espèce de se reproduire entre elles.

Interfécondabilité : aptitude de deux individus d'un groupe donné à se reproduire entre eux.

Spéciation : formation d'une nouvelle espèce à partir d'une espèce préexistante.

4 La communication intraspécifique

De quoi s'agit-il ? Les individus de la même espèce communiquent entre eux selon diverses modalités dans le cadre d'une fonction biologique (nutrition, reproduction, défense…).

1 La communication influence le comportement

- La communication dans le monde vivant consiste en la transmission d'un message entre un organisme émetteur et un organisme récepteur. Ce dernier peut alors modifier son comportement en réponse à ce message (**Doc. 1**).
- À l'intérieur d'une même espèce, les animaux communiquent pour se reproduire, établir une hiérarchie, défendre un territoire ou encore se nourrir. Ces échanges impliquent les vertébrés comme les invertébrés, les animaux solitaires comme ceux qui vivent en société.
- La communication est particulièrement importante dans le comportement reproducteur. Elle existe même chez les animaux pour lesquels il n'y a pas de rapprochement des partenaires, lorsque les gamètes sont libérés dans l'eau alors que les individus sont séparés, par exemple chez l'Oursin.
- Chez les vertébrés, en particulier les oiseaux et les mammifères, des comportements plus complexes comme les parades nuptiales (**Doc. 2**) sont nécessaires à la rencontre des partenaires et à l'accouplement.

2 Les modalités de la communication animale

- Une séquence de communication entre deux individus de la même espèce peut être découpée en une succession d'étapes : émission d'un signal par l'animal émetteur, propagation du signal, puis réception par l'animal récepteur, élaboration d'une réponse qui consiste en une modification du comportement.
- Le signal est une modification de l'environnement, de nature variée. Il peut être visuel, sonore ou chimique. Une fois capté par l'organe récepteur de l'animal, ce signal est susceptible de donner naissance à un message nerveux, lui-même transmis à un centre nerveux. Ce dernier, après analyse des informations reçues, déclenchera une réponse.
- Dans le cas du comportement reproducteur, cette réponse sera l'acceptation du mâle par la femelle. Cela suppose une reconnaissance du signal, envisageable seulement si les deux animaux appartiennent à la même espèce.

Ainsi, la communication permet la perpétuation de l'espèce.

Doc. 1 **Les étapes de la communication**

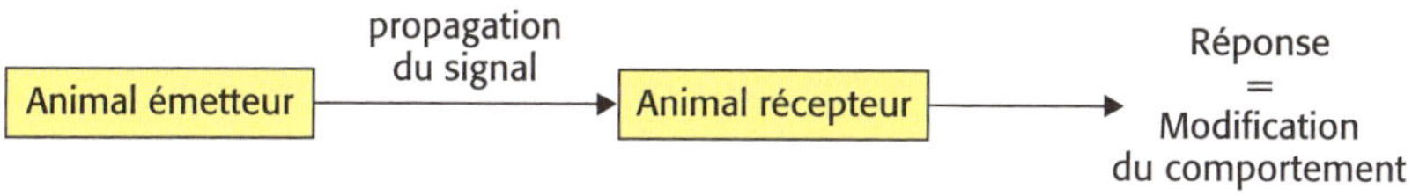

Doc. 2 **Parade nuptiale chez le Paon**

Le Paon mâle parade en faisant la roue.

Vocabulaire

Émetteur : celui qui produit des informations sous forme de signaux.

Récepteur : celui qui reçoit le message et dont le comportement est modifié.

Parade nuptiale : comportement adopté par un animal pour attirer un partenaire sexuel en vue de l'accouplement.

Signal : processus physique ou chimique qui code une information.

5 Communication intraspécifique et évolution

De quoi s'agit-il ? À travers la reproduction, la communication interindividuelle peut contribuer à la sélection naturelle. Des difficultés de communication peuvent entraîner un isolement reproducteur et par conséquent une spéciation.

1 La sélection sexuelle

- Certaines espèces se caractérisent par un dimorphisme sexuel, c'est-à-dire la présence de caractères différents chez le mâle et la femelle, par exemple la crête du Coq, le plumage coloré de la queue chez le Paon, la crinière du Lion ou les bois du Cerf.
- Ces caractères constituent un signal de communication lors du comportement reproducteur et donnent un avantage aux mâles chez lesquels ils sont particulièrement développés. Ces caractères sont sélectionnés par les partenaires sexuels et sont ainsi transmis à leurs descendants. On parle de sélection sexuelle.
- Dans certains cas, ces caractères peuvent apparaître désavantageux. Ils rendent plus repérables face aux prédateurs ou occasionnent une dépense énergétique supplémentaire. C'est le cas, par exemple, des longues plumes de la queue de l'Euplecte, un oiseau vivant au sud de l'Afrique (**Doc.**). Néanmoins, ces caractères confèrent un plus grand succès reproducteur en favorisant la rencontre des partenaires. Il s'exerce alors deux pressions sélectives opposées.

2 Un rôle dans la spéciation

- L'isolement d'une population en deux groupes entraîne l'éloignement et la divergence génétique. Ce phénomène a des répercussions sur des caractères variés, qui affectent par exemple le comportement reproducteur.
- Par exemple, si le chant ou les parades nuptiales ne sont plus reconnus, les deux populations ne peuvent plus se reproduire l'une avec l'autre. Il se forme alors deux nouvelles espèces.
- Ainsi, des populations de poissons Cichlidés d'une même espèce vivant dans le lac Victoria se sont scindées en différents groupes vivants dans des eaux plus ou moins troubles. Chez ces différents groupes, le système visuel a divergé en raison de la sélection naturelle, ce qui a entrainé pour les femelles des préférences différentes pour la couleur des mâles. De cette façon, un isolement reproductif s'est mis en place et par conséquent l'individualisation de nouvelles espèces.

Doc. **Influence de la longueur des plumes de la queue de l'Euplecte sur son succès reproducteur**

a. L'Euplecte à longue queue

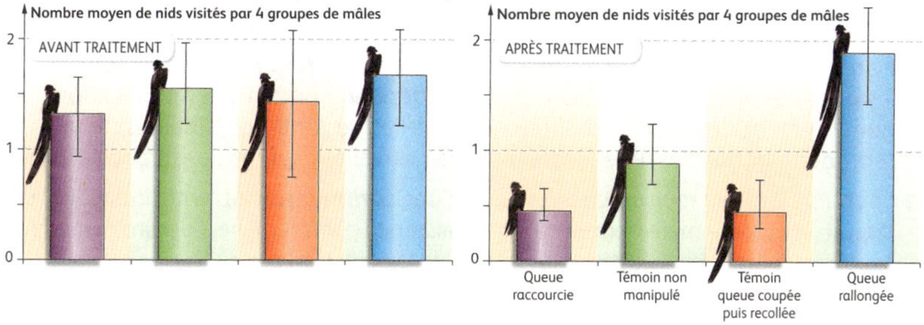

b. Succès reproducteur après traitement. Les plumes de la queue de certains mâles ont été expérimentalement raccourcies ou allongées et le nombre moyen de nids visités par ces mâles a été estimé. On précise qu'un nid est visité par un mâle s'il contient ses descendants.

Vocabulaire

Dimorphisme sexuel : ensemble des différences d'aspect (forme, taille, couleur…) entre les individus mâle et femelle d'une même espèce.

Sélection sexuelle : sélection de certains caractères qui favorisent l'accouplement, indépendamment de la survie.

RÉVISION EXPRESS

LES POINTS IMPORTANTS À RETENIR

- La biodiversité change au cours du temps par le biais de **forces évolutives** s'exerçant au niveau des **populations**.
- Au sein de celles-ci, les individus se différencient par leurs allèles, dont les **fréquences** respectives caractérisent une population.
- Ces allèles se transmettent de génération en génération par l'intermédiaire de la reproduction sexuée et la population peut alors se modifier.
- Ainsi, du fait de la **dérive génétique**, la fréquence des allèles varie **aléatoirement** au cours des générations, d'autant plus que l'effectif de la population est faible.
- Par ailleurs, de nouveaux allèles peuvent apparaître au hasard par **mutations**.
- Lorsque, dans un milieu donné, un allèle se révèle **avantageux** les individus qui le portent ont davantage de chance de parvenir à l'âge adulte et de se reproduire. Cet allèle, plus facilement transmis aux générations suivantes, devient peu à peu majoritaire dans la population. La **sélection naturelle** est une variation de la fréquence des allèles sous la **pression** de l'**environnement**.
- Sous l'effet conjugué de la dérive génétique, de la sélection naturelle et des mutations, une population se modifie génétiquement au cours du temps.
- Il arrive que, selon différentes modalités, différentes populations **s'isolent** les unes des autres. Elles subissent alors indépendamment des modifications génétiques et deviennent si différentes qu'elles ne sont plus capables de se reproduire entre elles. Il se forme alors de nouvelles espèces : c'est la **spéciation**.
- Le comportement reproducteur passe par une **communication** entre individus : un **signal** émis par le mâle permet sa reconnaissance par la femelle. Certains caractères sont ainsi retenus chez le mâle par le biais de la **sélection sexuelle**.
- Par ailleurs, des difficultés dans la réception du signal peuvent empêcher la reproduction et aboutir à une spéciation.

LES MOTS IMPORTANTS

- Forces évolutives
- Population
- Fréquence allélique
- Reproduction sexuée
- Dérive génétique
- Mutation
- Allèle avantageux
- Sélection naturelle
- Isolement reproducteur
- Barrière géographique
- Spéciation
- Communication
- Comportement
- Signal
- Émetteur
- Récepteur
- Dimorphisme sexuel
- Parade nuptiale
- Sélection sexuelle

LE SCHÉMA IMPORTANT À RETENIR

L'évolution de la biodiversité

Une population initiale

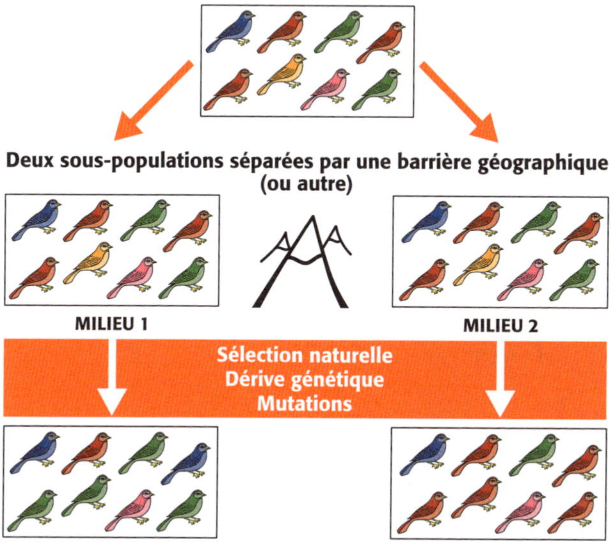

Deux populations génétiquement différentes, devenues incapables de se reproduire entre-elles

= 2 ESPÈCES DIFFÉRENTES

Quiz

1. De nouveaux allèles apparaissent sous la pression de l'environnement.
☐ Vrai ☐ Faux

2. Une spéciation se produit lorsque deux populations ne sont plus interfécondes.
☐ Vrai ☐ Faux

3. La sélection naturelle est une modification aléatoire de la fréquence allélique au sein d'une population.
☐ Vrai ☐ Faux

4. La sélection sexuelle contribue à la sélection naturelle.
☐ Vrai ☐ Faux

5. Citez trois causes responsables d'un isolement reproducteur.

→ Réponses p. 72

Utiliser un logiciel pour modéliser des variations de fréquence allélique

ÉNONCÉ

On cherche à expliquer comment des populations peuvent se modifier au cours du temps. Pour cela, grâce à un logiciel de simulation, on modélise les variations de fréquence d'un allèle au cours du temps dans des populations en jouant sur différents facteurs : l'effectif de la population d'une part, la valeur sélective de l'allèle considéré d'autre part.
On peut utiliser un logiciel en ligne à l'adresse suivante :
https://www.pedagogie.ac-nice.fr//svt/productions/derive-genetique/

1. Montrez que, dans une population de faible effectif, la fréquence d'un allèle varie de façon aléatoire. Nommez et expliquez ce phénomène.

2. Montrez qu'un allèle avantageux dans un milieu donné devient majoritaire et expliquez par quel mécanisme.

MÉTHODE

- Pour montrer l'effet du hasard, on utilise l'écran « dérive génétique ».

On choisit un effectif de 20 pour la population et une fréquence de 50 % pour l'allèle. On lance alors plusieurs simulations successives. Pour chacune, on compare la fréquence de l'allèle obtenue au bout de 100 générations à la fréquence initiale.

On choisit ensuite un effectif élevé (10 000) et on compare aux résultats précédents.

- Pour mettre en évidence l'augmentation de fréquence d'un allèle avantageux (A), on bascule sur l'écran « sélection naturelle ». On attribue une valeur sélective élevée (1) au génotype AA, (0,8 pour AB et 0,5 pour BB), on choisit pour cet allèle une fréquence de 50 %, puis on lance la simulation.

CORRIGÉ

1. On observe que dans une population de petit effectif la fréquence de l'allèle A (0,5 initialement) varie différemment selon les simulations : cet allèle peut disparaître (fréquence : 0), ou au contraire devenir majoritaire (fréquence proche de 1). Ce phénomène est appelé dérive génétique ; il s'explique par le fait que la transmission des allèles d'une génération à la suivante est aléatoire. Tous les individus ne se reproduisent pas et tous n'ont pas le même nombre de descendants.

Si on augmente l'effectif de la population, on observe que la fréquence de l'allèle reste constante. L'effet du hasard est corrigé.

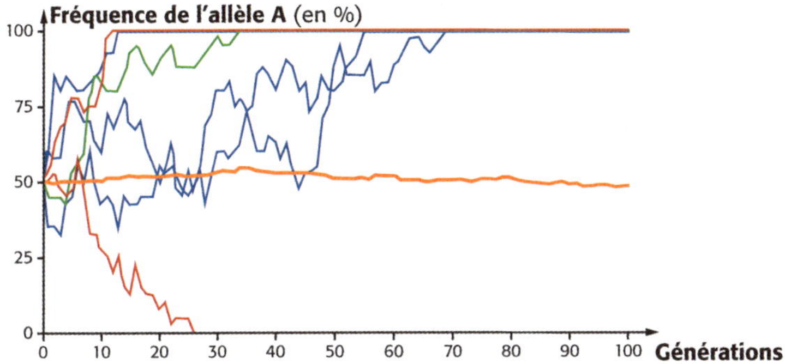

La courbe orange est obtenue pour une population de 10 000 individus (les autres courbes pour des populations de 20 individus).

2. On observe qu'un allèle dont la valeur sélective est élevée voit sa fréquence augmenter au cours du temps et devient majoritaire.

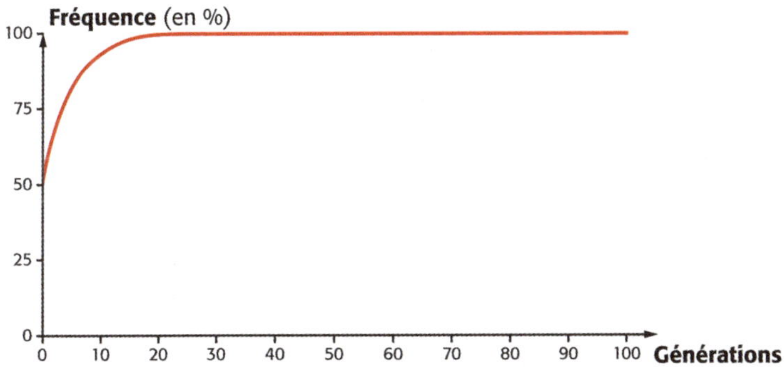

Évolution dans le temps de la fréquence de l'allèle A

En effet, lorsqu'un allèle confère aux individus qui le portent un avantage dans un milieu donné, ceux-ci ont plus de chance de parvenir à l'âge adulte et de se reproduire. Ainsi, cet allèle est transmis à la génération suivante, et peu à peu sa fréquence augmente de génération en génération.

On appelle sélection naturelle le mécanisme par lequel la fréquence d'un allèle varie sous la pression de l'environnement. De la même façon, on peut montrer qu'un allèle à faible valeur sélective voit sa fréquence diminuer au cours du temps.

Vérification des connaissances

Pour chaque question ou affirmation, il y a entre 0 et 3 bonnes réponses.

1. Une population est composée d'individus :
a. d'espèces différentes vivant au même endroit ;
b. de la même espèce dans un même milieu ;
c. de la même espèce répartis en différents endroits.

2. La fréquence allélique dans une population :
a. varie d'autant plus que son effectif est grand ;
b. est modifiée par la sélection naturelle ;
c. est soumise à la dérive génétique dans une population de faible effectif.

3. La dérive génétique est :
a. due au hasard ;
b. due à la pression exercée par l'environnement ;
c. plus ou moins marquée selon l'effectif de la population.

4. Un caractère avantageux dans un milieu donné :
a. apparaît au hasard ;
b. apparaît sous la pression du milieu ;
c. donne aux individus qui le portent plus de chance de se reproduire.

5. La sélection sexuelle :
a. peut contribuer à la sélection naturelle ;
b. passe par une communication entre espèces ;
c. fait intervenir un émetteur et un récepteur.

6. Un isolement reproducteur peut provenir :
a. de la mise en place d'une barrière géographique ;
b. de difficultés de communication entre individus ;
c. d'un mécanisme de spéciation.

7. La spéciation se produit :
a. quand deux sous-populations s'isolent génétiquement ;
b. à la suite d'échanges génétiques ;
c. quand deux populations ne sont plus interfécondes.

Exercices d'entraînement

1 Mésanges des villes et des forêts

Exploitation de documents

La Mésange charbonnière est une espèce de passereau qui vit dans les forêts, les parcs, les jardins. Depuis quelques décennies, elles sont de plus en plus nombreuses à s'installer dans les villes. On s'intéresse aux différences de comportement entre les Mésanges des villes et celles des forêts.

Doc. 1

La Mésange charbonnière est connu des ornithologues pour son chant complexe qui devient continuel dès le mois de février quand débute la saison de reproduction. Les mâles sont alors choisis par les femelles selon des critères relatifs au chant nuptial.

Doc. 2 Enregistrement de chants de Mésanges des forêts et des villes

Le chant des Mésanges est composé d'un nombre variable de notes, chacune d'une durée particulière.

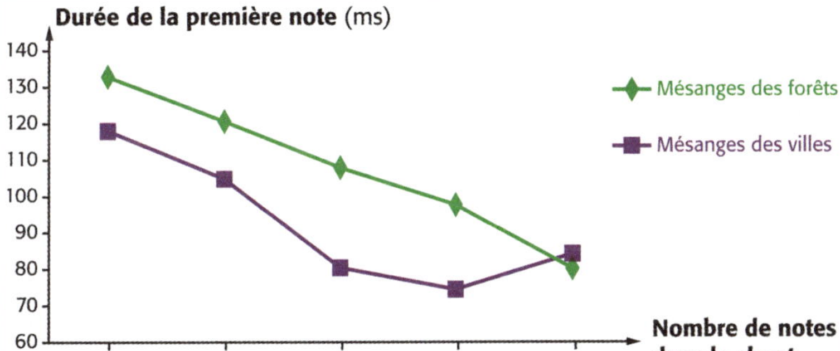

Doc. 3

Une étude a montré que les Mésanges des villes sont plus petites et plus légères que celles des forêts, qu'elles se reproduisent plus tôt au printemps, pondent des nichées avec moins d'œufs et ont un rythme cardiaque accéléré.

QUESTIONS

1. Identifiez pour un couple de Mésanges : le signal déclenchant le comportement reproducteur, l'émetteur et le récepteur.

2. Comparez les deux enregistrements du document 2 et indiquez la conséquence possible de la différence constatée.

3. Montrez que les données du document 3 sont en accord avec cette prévision.

2 Le chant du Grillon

Exploitation de documents

Chez les Grillons, au moment de la reproduction, le mâle chante pour attirer la femelle. Le chant est produit par le frottement des élytres l'une contre l'autre, ce qui produit une stridulation, c'est-à-dire un bruit aigu.

Doc. 1

Il arrive qu'une mutation puisse rendre définitivement silencieux un Grillon mâle. Ce type mutation est apparu sur l'île de Kauaï, dans l'archipel d'Hawaï. Entre 1991 et 2003, des biologistes ont mesuré dans la population, les proportions des individus chanteurs et des muets. Les résultats sont donnés dans le tableau suivant.

	1991	2003
Mâles chanteurs	100 %	< 10 %
Mâles muets	0 %	> 90 %

Doc. 2

À la même époque, la Mouche parasite *Ormia ochracea* s'est répandue dans l'île de Kauaï. Guidée par le chant du Grillon, elle pond ses œufs dans le corps de celui-ci dont les larves se nourriront jusqu'à sa mort.

QUESTIONS

1. Identifiez, dans le comportement reproducteur du Grillon, le signal de communication, l'émetteur et le récepteur et la réponse.

2. Indiquez quel problème est posé au Grillon par la mutation décrite.

3. Décrivez l'évolution de la population de Grillon entre 1991 et 2003, puis expliquez en quoi cette évolution est surprenante.

4. Utilisez les données du document 2 pour expliquer ce résultat surprenant.

3 La résistance des Moustiques aux insecticides

Exploitation de document

Pour lutter contre les Moustiques dans la région de Montpellier, des insecticides ont été répandus à partir de 1968 sur des zones situées sur une vingtaine de kilomètres à partir de la côte. Entre 1968 et 2002, on a mesuré le taux de résistance des populations de Moustiques à ces insecticides, en fonction de la distance à la côte.
Le graphique suivant est obtenu à partir des mesures réalisées entre 1968 et 2002.

Doc.

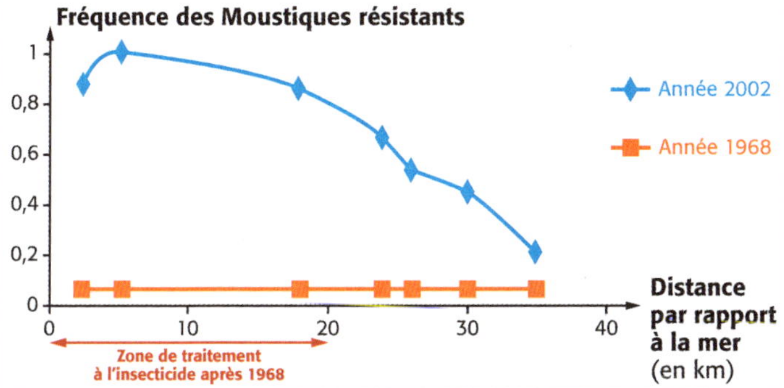

QUESTIONS

1. Quelle information apportent les résultats obtenus pour l'année 2002 ?

2. Comment évolue la résistance des Moustiques entre 1968 et 2002 ?

3. Comment expliquer l'apparition de formes résistantes ?

4. Précisez le mécanisme à l'origine de la répartition des formes résistantes selon la distance à la côte.

4 Une évolution rapide chez la Morue

Exploitation de documents

La Morue (ou cabillaud) est un poisson exploité dans toutes les eaux côtières de l'Atlantique Nord selon des modalités différentes depuis le XVe siècle (**Doc. 1**).

Doc. 1

1500 à 1950	Exploitation des zones ni trop profondes, ni trop éloignées des côtes
1950 à 1970	Développement de la pêche au chalut : exploitation des zones les plus profondes, là où vivent les Morues
Fin des années 1970	Premières mesures de restriction de la pêche
1980 à 1990	Modernisation de la flotte, amélioration des techniques de pêche
À partir de 1992	Moratoire de la pêche, sévères mesures de restriction

Doc. 2 Les variations de la biomasse de Morue capturée entre 1950 et 2010

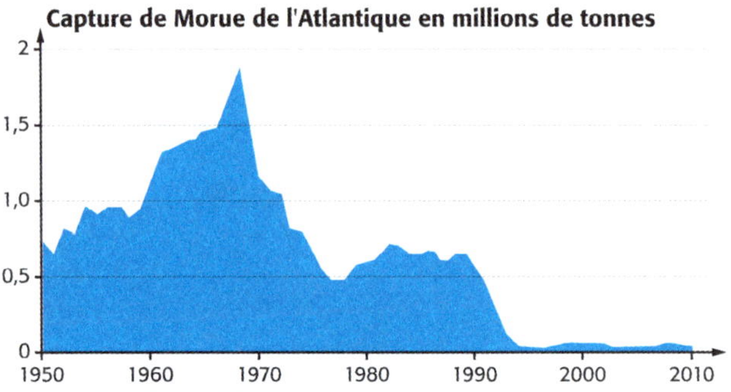

Doc. 3 Évolution de l'âge de la maturité sexuelle, c'est-à-dire l'âge des individus reproducteurs chez la Morue

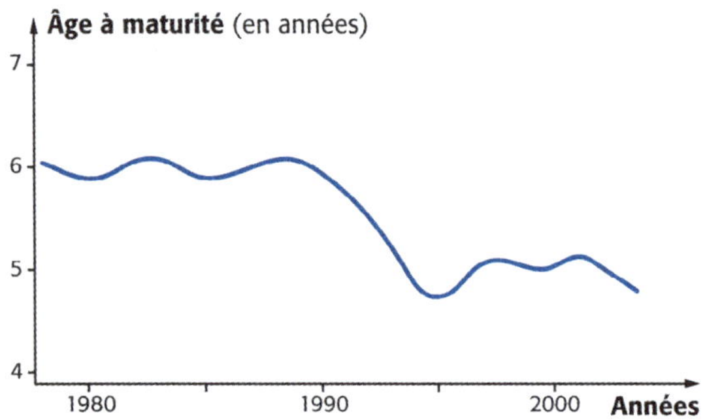

QUESTIONS

1. Décrivez et interprétez les variations de la biomasse capturée dans l'Atlantique Nord jusqu'en 1992.

2. Montrez à partir de cet exemple que l'action de l'Homme peut remettre en cause l'existence même d'une espèce.

3. Indiquez comment varie l'âge de la maturité sexuelle, en relation avec l'évolution de la biomasse pêchée.

4. Proposez une explication à l'évolution de l'âge de la maturité sexuelle.

5 Deux espèces de Triton

Exploitation de documents

Historiquement, Georges Cuvier (1769-1832) a défini ainsi l'espèce : « L'espèce est la collection de tous les individus issus de parents communs et de tous ceux qui leur ressemblent autant qu'ils se ressemblent entre eux ».

QUESTION

En utilisant cette définition et le document ci-dessous, citez des arguments en faveur de l'appartenance de ces deux Tritons à la même espèce et deux arguments qui permettent d'en douter.

Doc. Répartition de 2 espèces de Tritons à crête modifié

Triturus Marmoratus

Triturus Cristatus

Cohabitation

Dans la zone de cohabitation	
Parades sexuelles	Différentes
Hybridations	Rares
Hybrides mâles	Stériles
Hybrides femelles	Descendance fragile

D'après article de J. Génermont dans *Pour la Science* janvier 1997.

Quiz

1 **Faux**, ce sont des mutations qui sont à l'origine des nouveaux allèles.

2 **Vrai.** **3** **Faux**, il s'agit d'une variation de la fréquence des allèles sous la pression de l'environnement. **4** **Vrai**, même si parfois elle s'exerce indépendamment de la survie. **5** Un isolement géographique, un changement du mode de vie, ou encore des modifications anatomiques peuvent être responsables d'un isolement reproductif.

Vérification des connaissances

1 **a.** et **c.** sont fausses. **b.** est vraie. **2** **a.** est fausse. **b.** est vraie, la fréquence d'un allèle avantageux dans un milieu donné augmente. **c.** est vraie, elle varie aléatoirement. **3** **a.** est vraie, **b.** est fausse. **c.** est vraie, elle est d'autant plus marquée chez une population de faible effectif. **4** **a.** est vraie, il apparaît du fait d'une mutation. **b.** est fausse, **c.** est vraie car ils ont plus de chances de parvenir à l'âge adulte. **5** **a. b.** et **c.** sont vraies. **6** **a.** et **b.** sont vraies. **c.** est fausse, c'est la spéciation qui peut provenir d'un isolement reproducteur. **7** **a.** est vraie, elles peuvent évoluer différemment et perdre leur interfécondabilité. **b.** est fausse et **c.** est vraie.

Exercices d'entraînement

1 Mésanges des villes et des forêts

1. Le signal est le chant nuptial, l'émetteur étant le mâle et le récepteur, la femelle.

2. Pour chacun des chants enregistrés, la durée de la première note est différente pour la Mésange des champs et celle des villes, quel que soit le nombre de notes. Les chants étant différents, on peut se demander si les Mésanges des villes et celles des forêts sont encore capables de communiquer au moment de la reproduction et donc de se reproduire entre elles.

3. Les Mésanges des villes présentent des caractères différents par rapport à celles de la population d'origine des forêts. Elles s'en sont donc éloignées génétiquement. Leur période de reproduction plus précoce rend l'accouplement avec les Mésanges des forêts de moins en moins probable voire impossible. Les deux groupes sont en train de s'isoler et formeront peut-être deux espèces différentes.

2 Le chant du Grillon

1. Le signal de communication est le chant, l'émetteur est le mâle, le récepteur la femelle et la réponse le rapprochement de cette dernière.

2. Le Grillon muet n'est plus capable d'attirer la femelle et donc ne peut plus se reproduire. Si la mutation touche un grand nombre d'individus de la population, celle-ci sera menacée de disparaître. Il s'agit d'un phénomène de sélection sexuelle négative.

3. De 1991 à 2003, les mâles muets sont devenus largement majoritaires alors que les mâles chanteurs ont presque disparu. Or les individus touchés par la mutation devraient être incapables de se reproduire et par conséquent de transmettre cet allèle muté à la génération suivante. Sa fréquence devrait diminuer du fait de la sélection naturelle.

> **L'astuce du prof**
> La sélection naturelle peut s'exercer au détriment de la sélection sexuelle.

4. Malgré son apparent désavantage, sur l'île de Kauaï où la Mouche parasite est présente, cette mutation confère un avantage aux individus qui la portent. En effet, devenus muets, les mâles ne peuvent plus guider les Mouches et celles-ci ne peuvent plus y pondre leurs œufs. La mutation qui rend muet le Grillon mâle serait désavantageuse partout ailleurs où la Mouche parasite est absente. Ainsi, si les Grillons muets parviennent à se reproduire, la mutation pourra finalement se répandre dans la population. Il subsiste en effet sur l'île quelques individus chanteurs qui attirent les femelles… et dont profitent les mâles muets situés à proximité des chanteurs.

3 La résistance des Moustiques aux insecticides

1. La fréquence des Moustiques résistants aux insecticides diminue au fur et à mesure que l'on s'éloigne de la côte, c'est-à-dire de la zone traitée.

2. En 1968, au moment du traitement, les formes résistantes sont très rares. Par la suite, le pourcentage de formes résistantes augmente au cours du temps dans la zone traitée.

3. L'apparition des formes résistantes est due à une (ou des) mutation(s) aléatoire (s).

> **Réflexe à avoir**
> N'attribuez jamais l'apparition d'un nouveau caractère à l'action du milieu !

4. Dans la zone traitée, les formes résistantes se sont trouvées avantagées et donc plus aptes à se reproduire et transmettre leurs allèles à la génération suivante. Ainsi, sous la pression du milieu, la fréquence des allèles à l'origine de la résistance aux insecticides augmente : c'est la sélection naturelle.

4 Une évolution rapide chez la Morue

1. Entre 1950 et 1970, la biomasse capturée est multipliée au moins par 3, ce qui s'explique par l'apparition de la pêche au chalut et l'accès à des zones autrefois préservées. Il s'ensuit, dès le début des années 1970, alors que des mesures de restriction n'ont pas encore été prises, une forte baisse de la biomasse pêchée qui correspond à un effondrement de la ressource. Les mesures de protection permettent une augmentation, puis une stabilisation de la ressource mais la modernisation de la flotte entraîne à nouveau un effondrement des stocks.

2. Si la quantité de Morues capturées reflète l'état de la ressource, au début des années 1990 la reproduction risquait de ne plus pouvoir compenser les pertes. Malgré les mesures de restriction, les stocks restent au plus bas, le rétablissement de la population de Morue est beaucoup plus long que sa destruction. La surpêche est un exemple d'action de l'Homme sur la biodiversité.

> **L'astuce du prof**
> Pensez à faire le lien entre la taille des poissons et leur âge !

3. L'âge de la maturité sexuelle a diminué à partir des années 1990, parallèlement à l'effondrement des stocks.

4. La surpêche a entraîné une surmortalité des poissons de grande taille et se reproduisant à un âge tardif (les poissons les plus gros sont plus nombreux dans les filets). Progressivement, dans une population, les Morues les plus précoces sexuellement devenaient alors plus nombreuses et l'âge global de la reproduction a diminué.
Si l'âge de la maturité est déterminé génétiquement, il y a eu une modification du patrimoine génétique à l'intérieur de l'espèce, les allèles « maturité précoce » ont été favorisés, leur fréquence a augmenté. Le phénomène s'est déroulé en quelques années, c'est un exemple d'évolution rapide.

5 Deux espèces de Triton

Les arguments favorables à l'appartenance à une espèce commune :
– ces deux Tritons présentent des ressemblances morphologiques évidentes : forme et proportions du corps, présence d'une crête dorsale dentelée ainsi qu'une nageoire caudale, queue aplatie latéralement ;
– lorsque deux Tritons cohabitent dans une aire commune, ils peuvent se reproduire entre eux, même si l'événement est rare.

Les arguments défavorables à l'appartenance à une espèce commune :
– les parades sexuelles sont différentes, ce qui devrait interdire l'accouplement. En réalité, celui-ci peut avoir lieu mais, comme l'indique l'énoncé, il est très rare ;
– les hybrides de cette reproduction sont stériles pour les mâles, quant aux femelles, elles sont à l'origine d'une descendance fragile, c'est-à-dire que peu d'individus survivent.

> **L'astuce du prof**
> Les hybrides résultent d'un croisement entre deux espèces ou deux variétés différentes.

Conclusion

Il existe des arguments favorables, d'autres défavorables à l'appartenance à une espèce unique. En théorie, la possibilité de se reproduire et de donner naissance à quelques individus eux-mêmes reproducteurs devrait permettre de classer ces Tritons à l'intérieur de la même espèce.

Toutefois, les quelques individus issus de ce croisement ne pourraient pas, en raison de leur faible nombre et de la stérilité des hybrides mâles, perpétuer l'espèce. Il est donc logique de les classer dans deux espèces différentes.

CHAPITRE 4 Érosion et sédimentation

1 L'érosion et le démantèlement des reliefs

De quoi s'agit-il ? Les chaînes de montagnes anciennes, comme les Vosges ou le Massif Central, se reconnaissent à leurs pentes peu abruptes et leur altitude modeste. L'érosion a fait disparaître les reliefs et mis à jour les roches profondes.

1 L'eau, principal agent d'altération

• En exerçant sur les roches une action mécanique ainsi qu'une action chimique, l'eau est le principal agent d'altération.

L'eau de pluie s'infiltre dans les fractures des roches. À basse température, elle gèle, augmente de volume, ce qui finit par provoquer l'éclatement de la roche.

• L'eau exerce aussi une action chimique sur les roches. Elle participe à des réactions chimiques, arrache des ions et des minéraux aux roches, ce qui finit par les fragmenter (**Doc. 1**). Des minéraux comme les feldspaths et les micas du granite sont transformés en argile, facilement transportable par les eaux de ruissellement, tout comme les ions (**Doc. 2**). La roche perd sa cohésion, s'effrite tandis que des matériaux détritiques de taille variable sont entraînés par les eaux de ruissellement.

2 D'autres agents d'érosion

• Les roches sont soumises à des attaques multiples.

Les racines des végétaux pénètrent à l'intérieur des fractures des roches et les fragmentent. Les acides sécrétés par les racines ou les lichens incrustés à la surface des roches favorisent la dissolution d'éléments minéraux, ce qui les fragilise.

La gravité exerce en permanence une force sur les roches et facilite leur fracturation au niveau de zones de faiblesse.

Le vent transporte avec lui des grains de sable qui, lorsqu'ils frottent contre une roche jouent le rôle d'un abrasif et l'érodent.

Les variations importantes de température contractent et dilatent la roche qui finit par se fracturer.

• L'intensité de l'altération dépend à la fois des caractéristiques de la roche, en particulier de sa cohérence, et des conditions climatiques.

Doc. 1 Composition chimique du granite et de l'arène granitique

L'eau altère le granite. Peu à peu, il se désagrège et se transforme en une nouvelle roche, l'arène granitique.

Roche \ Éléments chimiques	Si	Al	Fe	Mg	Ca	Na	K	O
Granite	85	21	5,2	1,8	2,9	7,5	10,6	125,6
Arène granitique	84,9	21	traces	traces	0,1	0,8	5,2	126,9

Doc. 2 Les transformations minéralogiques et chimiques du granite

Certains ions résistent à l'altération, le silicium par exemple, d'autres y sont très sensibles comme le fer et le magnésium. Ces échanges entre la roche et son environnement ont des répercussions sur les minéraux qui la constituent. Le quartz, composé de silicium et d'oxygène, n'est pas affecté par l'altération et se retrouve intact dans l'arène. D'autres minéraux comme la biotite (mica noir), riches en fer et en magnésium, disparaissent au cours de l'altération, transformés en minéraux argileux. Enfin, l'oxygène de l'eau est incorporé dans de nouveaux minéraux. Ces changements minéralogiques affectent l'aspect physique de la roche qui change de couleur, devient friable et forme des fragments de petite taille.

Vocabulaire

Érosion : phénomènes externes qui enlèvent les terrains existants et modifient le relief.

Altération : modification chimique et physique des roches.

Matériaux détritiques : particules de différentes tailles issues de la désagrégation des roches.

Cohérence : propriété de la roche qui maintient les différents minéraux soudés entre eux.

Arène granitique : roche provenant de la désagrégation du granite.

2 Le transport et la sédimentation

De quoi s'agit-il ? L'érosion produit des particules solides et des ions solubles qui sont emportés par des agents de transport comme l'eau. Ils circulent alors sur une distance plus ou moins longue et finissent par se déposer.

1 Le transport des matériaux

- Les matériaux détritiques issus de l'érosion sont de taille variée : gros blocs rocheux, graviers, grains de sable, fines particules d'argile.

Ils peuvent être déplacés par gravité, sur quelques kilomètres au plus, dans les régions à forte pente (montagnes ou régions désertiques).

- Le vent transporte principalement les éléments les plus fins, d'une taille de l'ordre du millimètre (grain de sable par exemple).
- Quant aux glaciers, ils entraînent à vitesse très lente d'énormes quantités de matériaux de tailles variées, du grain au bloc rocheux mesurant plusieurs mètres.
- Le transport des ions solubles et des matériaux détritiques est aussi assuré par l'eau, celle des cours d'eau, ou par les eaux de ruissellement sur une pente, en particulier suite à de fortes pluies.

Dans les cours d'eau, les matériaux détritiques sont transportés en suspension ou en roulant sur le fond. La distance parcourue est d'autant plus grande qu'ils sont de petite taille : des milliers de kilomètres dans le cas des grands fleuves.

2 La sédimentation

- L'écoulement de l'eau produit une force verticale qui lui permet de porter les matériaux détritiques. Cette force dépend de la vitesse du courant, laquelle dépend à la fois de l'abondance des pluies et de la pente.
- Quand la vitesse du courant devient insuffisante par rapport à la masse des matériaux transportés, ceux-ci se déposent. C'est la sédimentation.
- De l'amont vers l'aval d'un cours d'eau, les éléments les plus lourds se déposent les premiers (**Doc.**), les plus légers les derniers et un classement s'établit sur le fond, le long du cours d'eau. Voilà pourquoi les énormes blocs rocheux se trouvent seulement sur le fond des torrents tandis que les grains de sable ou les particules d'argile se déposent vers l'embouchure.

Doc. **Le classement des particules dans un cours d'eau**

Capacité de transport des agents d'érosion : pour un débit donné, plus les pentes sont fortes, plus les blocs sont gros.

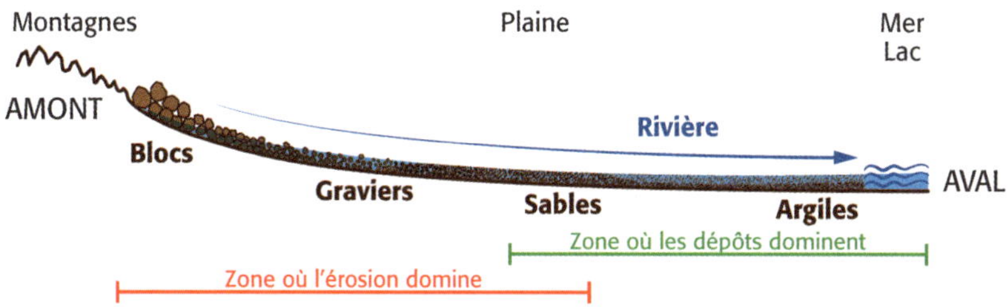

De l'amont à l'aval d'un cours d'eau, des particules de taille variée reposent sur le fond. En amont, au niveau d'un torrent par exemple, d'énormes blocs rocheux sont déposés et dépassent même de la surface de l'eau. Progressivement, la taille des particules déposées diminue jusqu'à devenir microscopique. Elles forment alors des boues, souvent constituées par des argiles.

Vocabulaire

Glacier : masse de glace compacte plus ou moins étendue qui s'écoule lentement le long d'une pente sous l'effet de la gravité.

Ruissellement : écoulement des eaux à la surface des sols.

Transport en suspension : transport des particules flottant dans la masse des eaux.

Sédimentation : se produit lorsque des particules cessent de se déplacer et se déposent pour former une couche.

Amont : partie d'un cours d'eau située entre un point donné et sa source.

Aval : partie d'un cours d'eau située entre un point donné et son embouchure.

Embouchure : endroit où un cours d'eau se jette dans la mer.

3 La formation de roches sédimentaires

De quoi s'agit-il ? À partir des sédiments déposés, il se forme des couches de roches sédimentaires superposées dont les caractéristiques dépendent de la nature des dépôts et du milieu de formation.

1 Du sédiment à la roche : la diagenèse

- Une fois déposées, les particules forment un sédiment mais pas encore une roche. Au fur et à mesure que de nouveaux sédiments s'accumulent, sous l'effet de leur poids, la pression augmente sur les plus profonds. Progressivement, l'eau encore présente entre les grains est chassée (**Doc. 1**) et les particules se resserrent. La couche de sédiments qui ressemblait à de la vase devient de plus en plus solide : c'est le phénomène de compaction.
- Par ailleurs, l'augmentation de la pression favorise la précipitation des éléments chimiques présents dans l'eau entre les particules. Il se forme alors un ciment, soudant les particules entre elles (**Doc. 1**) : l'ensemble forme alors une roche sédimentaire. On appelle diagenèse le passage du sédiment à la roche.

2 Des roches sédimentaires variées

- Selon la nature des dépôts et le milieu de sédimentation, il se forme différents types de roches sédimentaires détritiques.
- Les pélites, roches détritiques fines et argileuses, sont issues de boues accumulées au fond des océans. Les grès, issus de l'agrégation et la cimentation de grains de sable, peuvent provenir de grains transportés par le vent ou par l'eau. Ceux transportés par le vent s'entrechoquent violemment et prennent un aspect rond-mat, tandis que ceux transportés par l'eau restent luisants même si leurs arêtes sont émoussées (**Doc. 2**). Les grains peu ou pas transportés sont non-usés, luisants et anguleux.
- Les conglomérats, formés de galets et de grains bien visibles à l'œil nu, sont liés entre eux par un ciment naturel.
- Ainsi, l'étude des roches sédimentaires apporte des informations sur leur origine, leur mode de transport, le milieu et les conditions dans lesquelles elles se sont déposées.
- Il est alors possible de reconstituer des milieux anciens aujourd'hui disparus. Par exemple, la présence de roches argileuses en montagne, surtout si elles contiennent des fossiles marins, indique la présence à la place de ce relief d'une mer ou d'un océan aujourd'hui disparu.

Doc. 1 Les étapes de la diagenèse

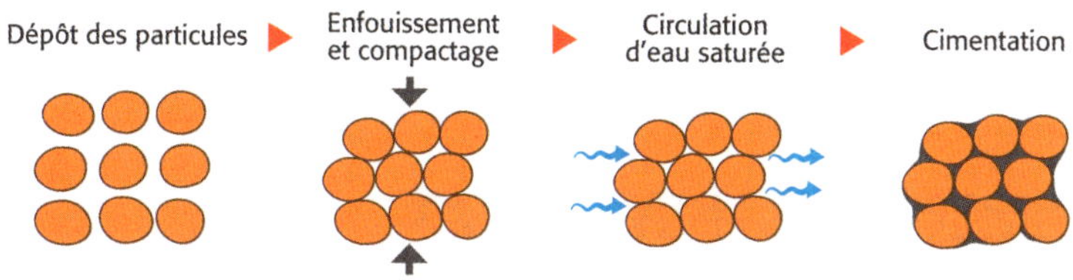

Doc. 2 Usure des grains de sables

- Non-usés

- Émoussés luisants

- Ronds mats

Vocabulaire

Compaction : resserrement des particules sédimentaires après expulsion de l'eau.

Roche sédimentaire : roche formée à partir du dépôt de sédiments.

Diagenèse : ensemble des processus qui transforment un dépôt de sédiments en roche sédimentaire.

Roche sédimentaire détritique : roche constituée de particules provenant de l'érosion.

Pélites : roche sédimentaire composée presque exclusivement d'argile.

Grès : roche sédimentaire détritique, formée par l'agrégation et la cimentation de grains de sable.

Conglomérat : roche formée de particules de tailles différentes (galets, graviers, grains).

4 Érosion et activité humaine

De quoi s'agit-il ? L'Homme prélève les roches sédimentaires et les matériaux détritiques issus de l'érosion. Les activités humaines peuvent amplifier ou limiter l'érosion.

1 L'utilisation des produits de l'érosion

- L'Homme prélève des roches sédimentaires et des matériaux détritiques comme les sables et les graviers dans des gravières, dans des carrières ou directement dans un cours d'eau.

Ces matériaux sont triés selon leur taille et utilisés pour la fabrication des bétons et mortiers, utilisés dans la construction. Les plus gros servent aussi à la construction de routes, de murs et de bâtiments.

2 Érosion et risques naturels

- L'érosion est un phénomène naturel et permanent mais sa vitesse et son intensité dépendent des conditions climatiques.

Une augmentation de la fréquence des tempêtes accélère l'érosion des côtes et par conséquent le recul du trait de côte (**Doc. 1**). Quant au réchauffement climatique, il entraîne une élévation du niveau marin qui favorise également l'érosion.

- Certaines activités humaines peuvent intensifier l'érosion :

– l'extraction des sédiments au niveau des rivières ou leur retenue par des barrages destinés à la production d'énergie et à l'irrigation diminue l'apport sédimentaire au niveau des côtes ;

– l'urbanisation en bord de mer fragilise les défenses naturelles des côtes contre l'assaut des vagues ;

– la construction de ports, d'épis, de brise-lames… perturbe la répartition des sédiments le long du littoral.

Peu à peu, avec l'érosion, les plages disparaissent, tout comme les routes, les sentiers littoraux et les habitations côtières.

- Différentes méthodes sont aujourd'hui développées pour freiner l'érosion.

L'implantation de végétation permet grâce aux racines, d'ancrer le sable des dunes. Tiges et feuilles freinent la progression du sable transportés par le vent. Un drainage, posé sous forme d'une canalisation souterraine parallèle à la ligne de plage (**Doc. 2**), collecte l'eau qui s'infiltre, laquelle est évacuée grâce à une pompe. Ainsi, une moindre grande quantité d'eau repart vers le large, et avec elle moins de sédiments.

Doc. 1 Recul du trait de côte entre 2013 et 2015 (Aquitaine)

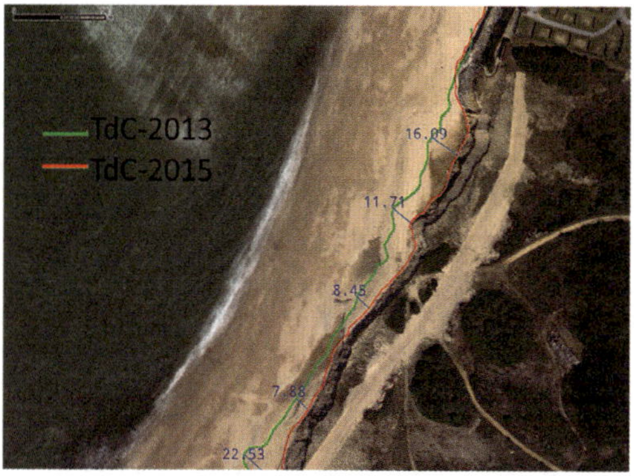

Doc. 2 Drainage pour limiter l'érosion

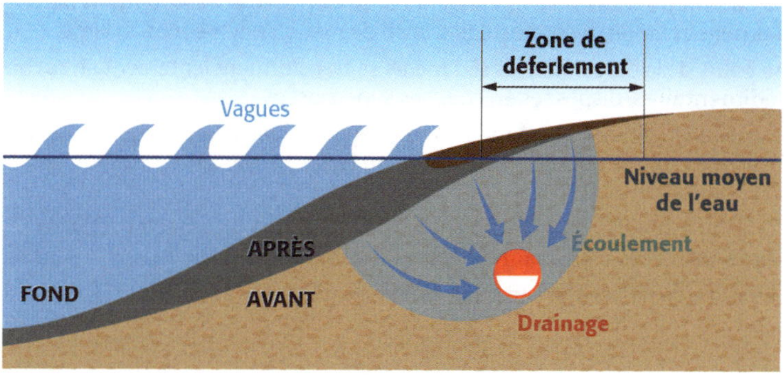

Vocabulaire

Trait de côte : ligne de rivage qui sépare la mer de la terre.

Élévation du niveau marin : l'élévation de la température atmosphérique provoque la dilatation de l'eau des océans, la fonte des glaces et par conséquent l'élévation du niveau marin.

Brise-lames : pour limiter l'effet destructeur des vagues qui s'abattent sur la côte, on interpose dans l'eau des constructions massives en béton sur lesquelles les vagues se brisent avant d'atteindre la côte.

Drainage : système permettant la capture et l'évacuation de l'eau circulant dans le sous-sol.

RÉVISION EXPRESS

LES POINTS IMPORTANTS À RETENIR

- Au cours du temps, les reliefs s'aplanissent et les paysages changent car les roches qui les composent s'usent et se désagrègent peu à peu : c'est **l'érosion**.
- Ces transformations des roches résultent d'une **altération**, à la fois physique et chimique.
- L'eau est le principal agent d'altération. Elle participe à la **fragmentation** des roches et intervient dans des **réactions chimiques** qui transforment les minéraux et libèrent des **ions solubles**.
- L'importance de l'altération d'une roche dépend de sa **résistance** mais aussi du climat.
- Avec la désagrégation des roches, il se forme des **matériaux détritiques** composés de particules de différentes tailles. Ceux-ci sont transportés par l'eau, le vent, la glace ou la gravité, plus ou moins loin selon leur taille et la force de **l'agent de transport**. Ils finissent par se **déposer et sédimentent** dans des milieux variés, rivière, estuaire, bord de mer ou encore plus au large.
- Au cours de la diagenèse, les sédiments se transforment lentement en **roches sédimentaires**, disposées en couches superposées.
- Les caractéristiques de ces roches indiquent le milieu et les conditions dans lesquelles elles se sont formées (marin ou terrestre, transport des sédiments par l'eau, le vent…).
- L'érosion est susceptible de causer des dégâts et de perturber les activités humaines, celles-ci pouvant d'ailleurs l'amplifier.
- L'Homme tente par son action de limiter les effets de l'érosion.

LES MOTS IMPORTANTS

- Érosion
- Altération
- Matériaux détritiques
- Diagenèse
- Sédiments
- Roche sédimentaire
- Agent de transport
- Dépôt
- Compaction
- Ciment
- Roche détritique
- Risques associés à l'érosion

LE SCHÉMA IMPORTANT À RETENIR

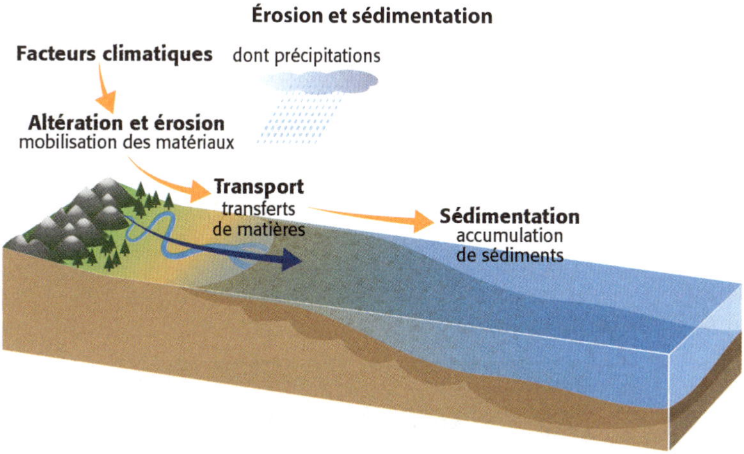

Quiz

1. Les roches sédimentaires sont disposées en couches superposées.
☐ Vrai ☐ Faux

2. Dans l'eau, le transport des particules dépend :
☐ **a.** de leur taille.
☐ **b.** de la vitesse du courant.
☐ **c.** de l'abondance des pluies.

3. La présence d'une végétation protège de l'érosion.
☐ Vrai ☐ Faux

4. L'altération des roches libère des ions solubles et des matériaux détritiques.
☐ Vrai ☐ Faux

→ Réponses p. 94

Exploiter le diagramme de Hjulström

ÉNONCÉ

Le diagramme ci-dessous a été établi expérimentalement en étudiant le comportement des particules sédimentaires dans un cours d'eau, en fonction de leur taille et de la vitesse du courant.
Selon ces deux facteurs, on détermine alors si une particule sédimentaire est transportée (zone en bleu), si elle se dépose (zone en orange), ou bien encore si elle est arrachée à son support au cours de l'érosion (zone en vert).

Doc.

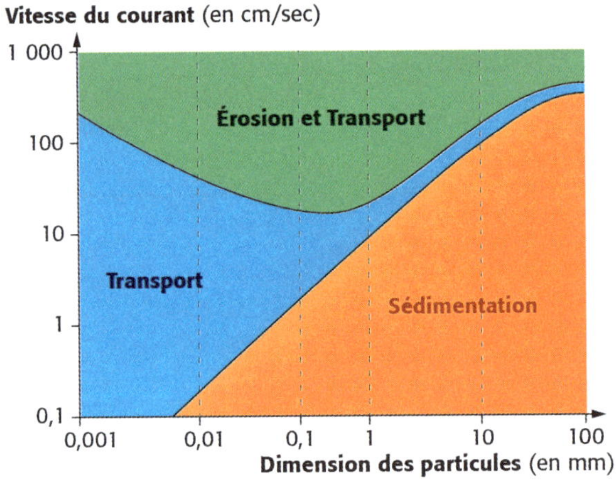

1. Déduisez du graphique l'influence de la vitesse du courant sur le comportement d'une particule.

2. Déduisez du graphique l'influence de la taille d'une particule sur son comportement.

3. Indiquez quel intérêt présentent les données de ce graphique pour la construction d'un ouvrage sur cette rivière, un pont d'une part, un barrage d'autre part.

MÉTHODE

- Ce graphique apparaît complexe à première vue et pour le comprendre, il faut l'analyser méthodiquement : il permet de déterminer le comportement d'une particule de taille donnée pour une vitesse de courant donnée.

Il faut l'étudier en faisant varier un seul des deux facteurs à la fois. Par exemple, on se demande quel est le comportement d'une particule de taille donnée lorsque la vitesse du courant augmente. On peut alors en déduire l'effet de la vitesse du courant sur le comportement des particules sédimentaires.

- De la même façon, on s'interroge sur le comportement d'une particule dans un courant de vitesse donnée, lorsque la taille de cette particule augmente. On peut alors en déduire l'effet de la taille d'une particule sur son comportement.
- Enfin, pour la question 3, puisqu'il n'y a pas de document sur la construction d'un ouvrage sur la rivière, il faut mettre en relation les effets de celle-ci et déduire les réponses à partir des deux premières questions.

CORRIGÉ

1. Une particule de 0,01 mm de diamètre dans un cours d'eau où la vitesse est de 1 cm/s par exemple, se trouve dans la zone bleue : la particule est donc transportée. Lorsque la vitesse du cours d'eau augmente et atteint 100 cm/s, pour la même particule de 0,01 mm de diamètre, le point correspondant se trouve dans la zone verte : la particule est arrachée à la roche qui subit alors une érosion.
On peut alors en déduire que plus la vitesse du courant est élevée, plus l'érosion et/ou le transport sont favorisés.

2. Lorsque la vitesse du courant est de 1 cm/s, une particule de 0,01 mm de diamètre sera transportée. En revanche, pour cette vitesse, elle se dépose si sa taille est de 10 mm. On peut alors en déduire que plus la taille des particules est grande, plus leur dépôt est favorisé.

3. La connaissance de cette règle a son importance pour la construction d'un pont car en connaissant la vitesse du courant et la taille des particules, on saura s'il y a un risque d'érosion des piliers de ce pont.
L'installation d'un barrage provoque la retenue de l'eau et donc son ralentissement. Dans ce cas, on pourra déterminer la taille des particules qui se déposeront et donc évaluer les risques d'envasement.

Vérification des connaissances

Pour chaque question, il y a entre 0 et 3 bonnes réponses.

1. Par rapport aux chaînes récentes, les chaînes de montagnes anciennes :
a. ont subi une érosion de plus grande ampleur ;
b. ont des reliefs plus abrupts ;
c. sont constituées de roches moins résistantes à l'érosion.

2. L'eau favorise l'altération des roches :
a. en entraînant des ions solubles ;
b. en favorisant les réactions chimiques ;
c. en les faisant éclater.

3. L'altération d'une roche est d'autant plus favorisée :
a. qu'elle est friable ;
b. qu'elle est cohérente ;
c. que les variations de température sont importantes.

4. Des sédiments sont triés selon leur taille s'ils sont transportés par :
a. le vent ;
b. la glace ;
c. l'eau.

5. L'altération des roches est un processus :
a. uniquement physique ;
b. uniquement chimique ;
c. physique et/ou chimique.

6. De l'amont vers l'aval d'un cours d'eau :
a. la vitesse du courant augmente ;
b. la force du courant diminue ;
c. les capacités d'érosion augmentent.

7. Au cours de la formation d'une roche sédimentaire, les sédiments des couches supérieures :
a. subissent une plus forte pression ;
b. perdent leur eau ;
c. sont les plus récents.

Exercices d'entraînement

1 Le cycle des roches

Restitution de connaissances

À la surface de la Terre, les reliefs sont démantelés tandis que de nouvelles roches se forment. Elles-mêmes participeront à l'élévation de nouveaux reliefs.
Ces différents événements sont détaillés dans le schéma ci-dessous qui représente le cycle des roches.

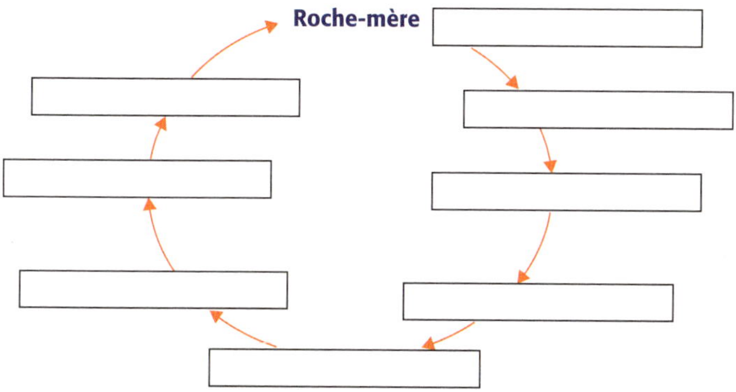

Complétez ce schéma en utilisant les mots suivants :
altération, compaction, dépôt, diagenèse, enfouissement, érosion, nouveau relief, transport.

2 Les surfaces d'altération

Exploitation de document

Les figures suivantes représentent des fragments de la même roche (un granite) à deux stades d'altération, l'un (B) plus avancé que l'autre (A). Les dimensions des faces de chacun de ces fragments sont indiquées.

Doc.

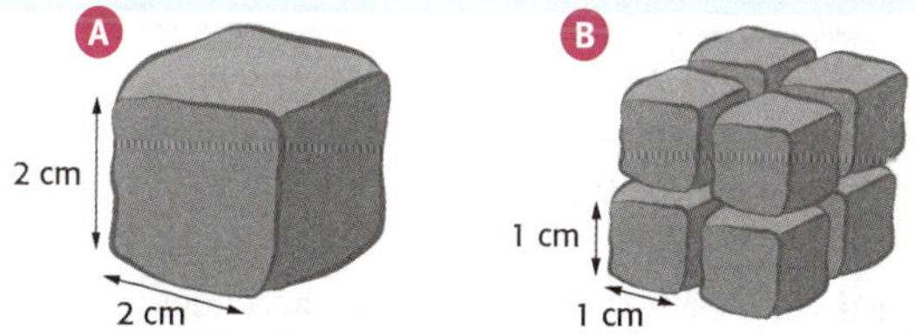

QUESTIONS

1. Rappelez le rôle de l'eau dans l'altération chimique.

2. Montrez, à l'aide d'un calcul simple, que l'altération devient de plus en plus efficace au fur et à mesure de son déroulement.

3 Les deux rives d'une rivière

Exploitation de document

La figure ci-dessous représente le méandre d'une rivière. On y distingue une rive concave et une rive convexe. Par ailleurs, des profils ont été représentés à différents niveaux de la rivière.

Doc.

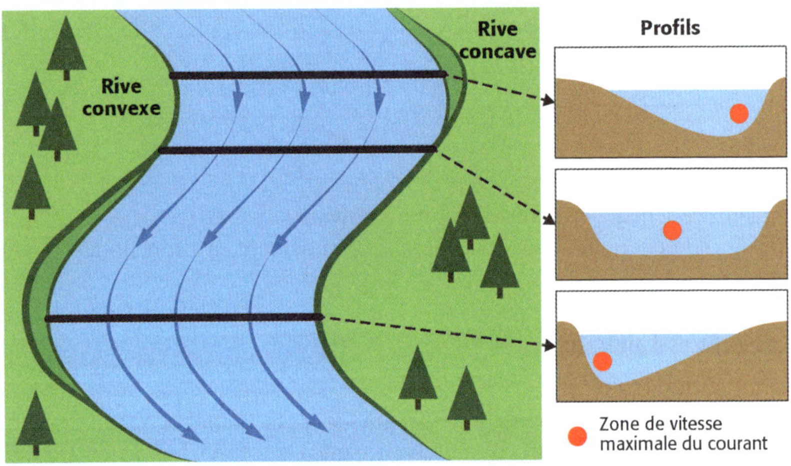

QUESTIONS

1. Comparez les profils des rives concaves et convexes.

2. Sachant que la vitesse du courant est supérieure au niveau de la rive concave, expliquez quel phénomène géologique est responsable des différences de profil entre les deux rives.

3. À l'automne, saison des fortes pluies, les particules, déposées sur la rive convexe sont de plus grande taille. Expliquez pourquoi.

4 L'effet de la tempête sur les côtes

Exploitation de document

Entre les mois de décembre 2013 et mars 2014, une douzaine de tempêtes ont touché la pointe bretonne avec une fréquence exceptionnelle.
La figure ci-dessous représente l'évolution du profil de la dune de sable bordant une plage de cette région (plage du Vougot, Guissény – nord Finistère) durant cette période.

Doc.

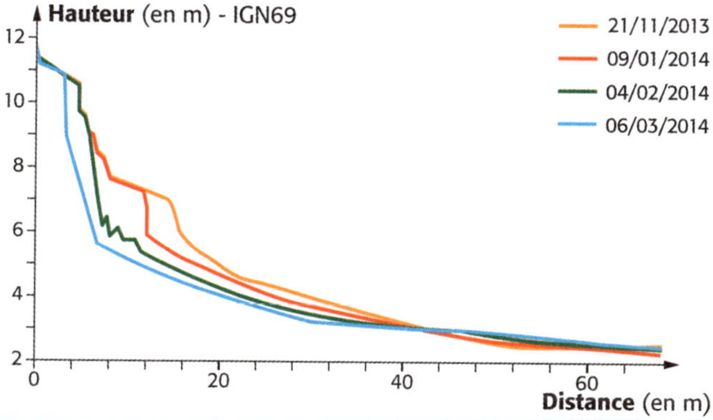

QUESTIONS

1. Orientez ce profil en localisant la terre et la mer.

2. Comparez l'aspect de la dune entre le 21/11/2013 et le 06/03/2014.

3. Expliquez cette évolution.

4. Localisez la zone de la dune où l'érosion a été la plus forte et déterminez la vitesse d'érosion (en cm par jour).

5 L'altération du granite

Exploitation de document

Au fur et à mesure de son altération, le granite se transforme. La figure suivante représente l'évolution de sa composition minéralogique durant son altération.

Doc. **Évolution de la composition minéralogique d'un granite**

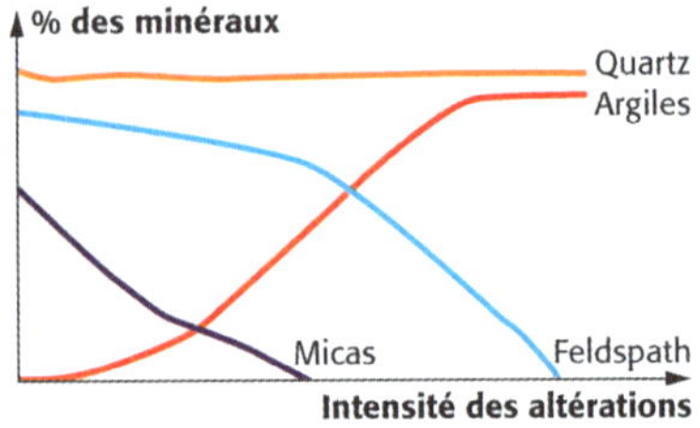

QUESTIONS

1. Indiquez la composition minéralogique du granite sain initial.

2. Indiquez comment varie sa composition minéralogique lors de l'altération.

3. Expliquez les variations constatées pour chacun des minéraux.

6 Le delta du Gange

Exploitation de document

Le Gange, fleuve long de 3 000 km, prend sa source dans l'Himalaya puis se jette dans l'Océan Indien après avoir traversé un immense delta au niveau du golfe du Bengale.

Doc. **Coupe du delta du Gange**

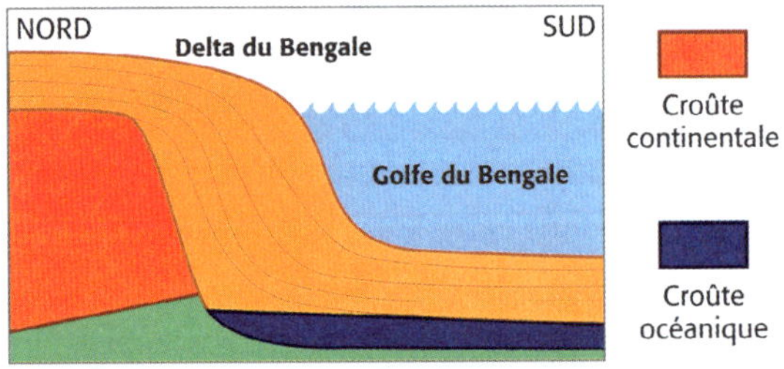

QUESTIONS

1. À partir de leur disposition, identifiez la nature (sédimentaire, magmatique…) des roches représentées en jaune sur la coupe, puis indiquez leur origine probable.

2. Expliquez la disposition de ces couches (de la profondeur vers la surface d'une part, et du continent vers l'océan d'autre part).

3. Expliquez quelle conséquence peuvent avoir ces dépôts sur la morphologie du delta du Gange.

7 Le transport des particules par un fleuve

Exploitation de document

La Loire prend sa source dans le massif Central, arrose plusieurs villes dont Orléans, et se jette dans la mer à proximité de Nantes.
Le document représente la répartition des particules en fonction de leur taille sur trois villes situées sur le cours de la Loire (Puy en Velay est dans le massif Central).

Doc.

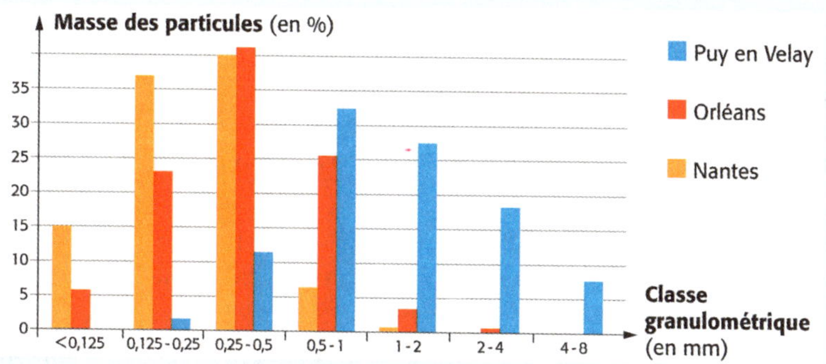

QUESTIONS

1. À partir de ce document, relevez les informations fournies sur la répartition des particules de différentes tailles le long de la Loire.

2. À l'aide de vos connaissances, expliquez cette répartition.

8 Eau de pluie et eau de ruissellement

Exploitation de document

On a mesuré les concentrations en différents ions de l'eau de pluie et de l'eau ayant ruisselé sur du granite altéré (en mg/L). Les résultats figurent dans le tableau.

	Na^+	K^+	Ca^{2+}	Mg^{2+}
Eau de pluie	1,9	0,3	1,4	0,3
Eau de ruissellement	7,1	1,9	5,9	0,8

QUESTIONS

1. Comparez les compositions de ces deux eaux.

2. Expliquez les différences constatées.

3. Quelle serait la composition d'une eau ayant ruisselé sur du granite non altéré ?

Quiz

1 **Vrai**, elles se forment par dépôts de couches successives.

2 **a.**, **b.** et **c.** sont **vraies**. La vitesse du courant dépend de l'abondance des pluies.

3 **Vrai**, les racines maintiennent en place le sable des dunes ou le sol et protègent de l'érosion.

4 **Vrai**. Les ions sont issus d'une altération chimique.

Vérification des connaissances

1 **a.** est vraie, leurs reliefs ont été érodés. **b.** est fausse. **c.** est fausse, elles ont subi une érosion sur une plus longue période.

2 **a.**, **b.** et **c.** sont vraies : l'eau intervient dans de nombreuses réactions chimiques et entraîne des ions solubles. Quand elle gèle à l'intérieur des fissures des roches, elle provoque leur éclatement.

3 **a.** est vraie. **b.** est fausse, plus la roche est friable et peu cohérente plus elle est facilement érodée. **c.** est vraie, les variations de température entraînent dilatations et contraction de la roche qui peu à peu se fracture.

4 **a.** et **b.** sont fausses, le vent et la glace ne trient pas les particules transportées. **c.** est vraie. L'eau transporte les particules sur une distance d'autant plus longue qu'elles sont de petite taille.

5 **a.** et **b.** sont fausses. **c.** est vraie.

6 **a.** est fausse, **b.** est vraie : de l'amont vers l'aval d'un cours d'eau la force et la vitesse du courant diminuent. **c.** est fausse, les capacités d'érosion diminuent puisque l'énergie du courant diminue.

7 **a.** et **b.** sont fausses, ce sont les couches profondes qui subissent une forte pression liée au poids des couches supérieures et de ce fait, une perte d'eau. **c.** est vraie car les couches se déposent les unes sur les autres, les récentes recouvrant les anciennes.

Exercices d'entraînement

1 Le cycle des roches

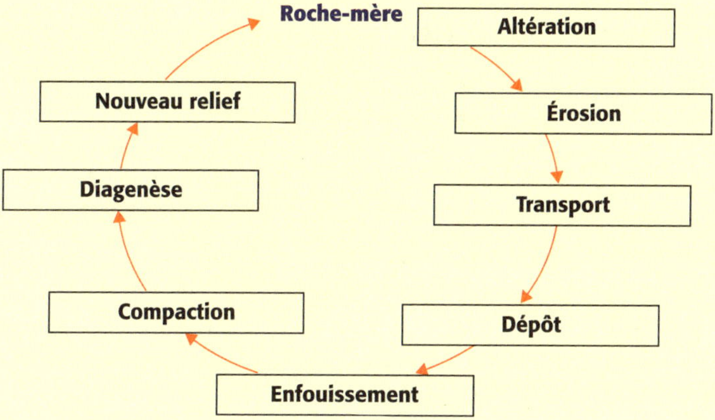

2 Les surfaces d'altération

1. L'eau arrache des ions aux roches et transforme des minéraux comme les feldspaths et les micas du granite en argile. Peu à peu, la roche perd sa cohésion et se fragmente.

> **L'astuce du prof**
> L'altération se produit à la surface d'une roche.

2. Pour le fragment (A), la surface au contact de l'eau correspond à 6 faces, chacune d'une surface de 2 cm × 2 cm = 4 cm^2, soit au total 6 × 4 = 24 cm^2.
Un volume de roche équivalent au fragment (A) correspond à huit fragments (B) dont chacun a une surface de 6 cm^2 (6 faces de 1 cm^2 chacune), soit au total une surface de 8 × 6 cm^2 = 48 cm^2. Ainsi, plus la roche est fragmentée, plus la surface de contact avec l'eau augmente ; ce qui facilite l'altération.

3 Les deux rives d'une rivière

1. Au niveau d'une rive convexe, la pente est douce. À l'inverse, la pente d'une rive concave est raide.

2. Sur la rive concave, la force du courant entraîne des particules et provoque une érosion qui la creuse. À l'inverse, la vitesse du courant étant plus faible sur l'autre rive, les particules ont tendance à se déposer. La pente est progressivement adoucie.

> **L'astuce du prof**
> Repérez où la vitesse du courant est la plus élevée.

3. Avec les fortes pluies, la vitesse du courant augmente, ce qui permet le transport de particules de plus grande taille sur une plus longue distance. Elles se déposent quand la vitesse du courant n'est plus assez grande pour les transporter.

4 L'effet de la tempête sur les côtes

1. La terre se trouve du côté où l'altitude est la plus élevée, c'est-à-dire à gauche. La mer est à droite à l'altitude 0.

2. Entre ces deux dates, la dune a reculé et sa pente est devenue plus raide.

> **Réflexe à avoir**
> Pensez à quelle altitude correspond le niveau de la mer.

3. Sous l'effet conjugué des vagues et de la pluie, le sable situé au pied de la dune a progressivement été entraîné, la dune s'est creusée : elle a subi une érosion.

4. L'érosion est maximale à environ 6 m de hauteur. Entre le 21/11/2013 et le 6/03/2014, la dune s'est creusée d'environ 10 mètres. La vitesse d'érosion est donc de 1 000 cm en 105 jours, soit 9,5 cm par jour.

5 L'altération du granite

1. Le granite sain est composé de quartz, de feldspaths et de micas.

2. Au fur et à mesure de l'altération, la quantité de quartz reste inchangée. Les quantités de feldspaths et de micas diminuent tandis que de nouveaux minéraux apparaissent, les argiles, dont la quantité augmente au cours de l'altération.

> **L'astuce du prof**
> Repérez sur le graphique les minéraux présents au début de l'altération.

3. Le quartz est un minéral inaltérable donc sa quantité reste constante. Sous l'effet de l'altération chimique, les feldspaths et les micas se transforment peu à peu en argiles.

6 Le delta du Gange

1. Ces roches sont disposées en couches superposées. Ainsi, elles se sont formées par dépôts successifs de sédiments, ce sont donc des roches sédimentaires.
Par ailleurs, on peut supposer que ces sédiments sont des sédiments détritiques provenant notamment de l'érosion de l'Himalaya. Ils sont transportés par le Gange puis déposés au niveau du delta au fur et à mesure de la diminution de la force du courant.

> **Gagnez des points**
> Pensez à quel endroit se trouve la source du Gange.

2. Les sédiments les plus anciens sont les plus profonds. Ils ont été progressivement recouverts par des sédiments de plus en plus récents. Au niveau du talus continental, zone de transition entre la croûte continentale et la croûte océanique, les sédiments se déposent de plus en plus vers le large du fait de l'existence des dépôts précédents.

3. Régulièrement, le delta, envahi par les sédiments, est comblé. Il progresse alors vers une zone plus profonde, vers l'océan. En réalité, ce phénomène est limité car l'accumulation des couches déposées provoque progressivement l'enfoncement du sous-sol.

7 Le transport des particules par un fleuve

1. Les particules les plus grosses (de 4 à 1 mm) sont abondantes près de la source de la Loire (Puy en Velay). Vers la mer (Nantes), on trouve au contraire essentiellement des particules fines (de taille inférieure ou égale à 0,25 mm). Entre les deux (Orléans), la majorité des particules est de taille intermédiaire.

> **L'astuce du prof**
> Repérez où se situent les grosses particules, puis les fines.

2. Les cours d'eau transportent des particules provenant de l'altération des roches. Le transport de ces particules dépend de leur taille et de la vitesse du courant. Lorsque celui-ci n'est plus assez fort pour les transporter, elles se déposent. Ainsi, les particules les plus grosses se déposent près de la zone d'altération (à proximité de la source) tandis que les moyennes et les fines sont emportées plus loin. Plus elles sont fines et plus elles se déposeront loin du lieu d'érosion.

8 Eau de pluie et eau de ruissellement

1. L'eau de ruissellement provient de l'eau de pluie, leur composition devrait donc être identique. Pourtant, si elles contiennent les mêmes ions, ceux-ci ne sont pas présents en même quantité, l'eau de ruissellement est enrichie en tous les ions analysés ici.

2. Cette eau de pluie a ruisselée sur du granite altéré. Or celui-ci subit des réactions chimiques qui arrachent des ions à la roche. Ces ions, solubles, se retrouvent alors dans l'eau de ruissellement.

3. Dans le granite non altéré, les ions sont encore retenus dans les minéraux. Néanmoins, l'eau est un agent d'altération ; au contact des roches, elle provoque des réactions chimiques qui libèrent des ions solubles. Des ions se retrouvent alors dans l'eau de ruissellement mais bien sûr en moins grande quantité que pour un granite altéré.

CHAPITRE 5

Les sols et la production de biomasse

1 Le sol, organisation et formation

De quoi s'agit-il ? **Le sol est la partie superficielle de l'écorce terrestre dans laquelle les végétaux enfoncent leurs racines. Sa composition à la fois minérale et organique résulte d'une double origine.**

1 Une organisation en horizons

- Le sol surmonte le sous-sol (**Doc. 1**) lui-même constitué d'une roche massive non fractionnée, la roche-mère. De la profondeur vers la surface, il est organisé en différents horizons.
- À sa base, il comporte des fragments de roche, de plus en plus petits vers la surface. Au-dessus se trouve un mélange de particules rocheuses et d'une substance brune composée de matière organique, l'humus. Plus on s'élève vers la surface et plus le sol est riche en humus.
- Enfin, sa couche superficielle, la litière est formée de débris en décomposition.

2 Une double origine

- Dans une éprouvette contenant du sol et de l'eau, différentes particules minérales sédimentent selon leur densité : les plus grosses se déposent au fond, les plus fines au-dessus (**Doc. 2**).
- L'eau contient de très fines particules d'argile et d'humus en suspension ainsi que des ions dissous. Ce mélange d'éléments de nature minérale et organique a une double origine.
- Soumise à l'altération, la roche-mère se fragmente et des particules minérales de taille variable sont libérées. En réagissant avec l'eau, les minéraux du granite se transforment en argiles.
- Quant à la matière organique du sol, elle provient de la litière. Elle est fragmentée et transformée en humus en même temps qu'elle est enfouie en profondeur. Ainsi, la nature et la composition des sols résultent de l'interaction entre les roches et la biosphère.

Doc. 1 Coupe d'un sol dans une région granitique

Doc. 2 La composition d'un sol

Vocabulaire

Sous-sol : ensemble des roches non fragmentées ni altérées situées sous le sol.

Roche-mère : roche dont la fragmentation et l'altération participent à la formation d'un sol.

Horizons : différentes couches d'un sol, de composition variable selon la profondeur.

Humus : mélange de composés organiques qui donne au sol sa couleur brune.

Litière : couche superficielle d'un sol forestier constituée par l'accumulation de débris d'êtres vivants en décomposition, essentiellement des feuilles mortes.

2 Le sol, un milieu vivant

De quoi s'agit-il ? Le sol est peuplé de nombreux êtres vivants liés les uns aux autres par des relations alimentaires. Ils constituent la faune et la flore du sol, une grande partie de la biomasse étant formée de micro-organismes.

1 La diversité des êtres vivants du sol

- Le sol abrite une faune variée. Les animaux du sol sont pour la plupart de petite taille à l'exception des lombrics (vers de terre). Les plus abondants appartiennent au groupe des arthropodes, comme les Collemboles, proches des insectes, les Acariens ou encore les Myriapodes (voir méthode p. 108).
- Le sol contient aussi des micro-organismes comme les bactéries et les champignons filamenteux. Ils sont les représentants les plus nombreux et, malgré leur petite taille, constituent la majeure partie de la biomasse.
- La biodiversité diffère selon la nature du sol : elle est plus variée et plus abondante dans les sols de prairies naturelles et de forêts que dans ceux de champs cultivés.

La répartition des êtres vivants varie aussi selon la profondeur du sol. Ils sont plus abondants dans les horizons superficiels, là où se concentre la matière organique.

2 Des relations entre les êtres vivants

- La plupart (80 %) des animaux du sol comme les lombrics, cloportes et collemboles sont détritivores : ils se nourrissent de matière organique morte ou nécromasse (débris végétaux, cadavres) et d'excréments d'animaux.

La nécromasse provient notamment de la litière, renouvelée régulièrement depuis la surface, en particulier par la chute des feuilles. Elle s'accumule avant d'être enfouie en profondeur dans le sol grâce à des animaux comme le Lombric.

- Les détritivores sont à leur tour consommés par des animaux prédateurs, araignées et larves d'insecte par exemple, eux-mêmes devenant la proie d'autres prédateurs.
- Après leur mort et leur fragmentation, tous ces êtres vivants sont consommés par les bactéries et les champignons du sol, qui constituent le groupe des décomposeurs.

Ces derniers se nourrissent aussi des fragments végétaux en partie décomposés ainsi que des excréments d'animaux qui contiennent de la matière organique partiellement digérée et des molécules déjà simplifiées.

Ainsi, les êtres vivants du sol sont liés entre eux par des relations alimentaires (**Doc.**) dont l'ensemble constitue un réseau trophique.

Doc. **Relations alimentaires dans le sol**

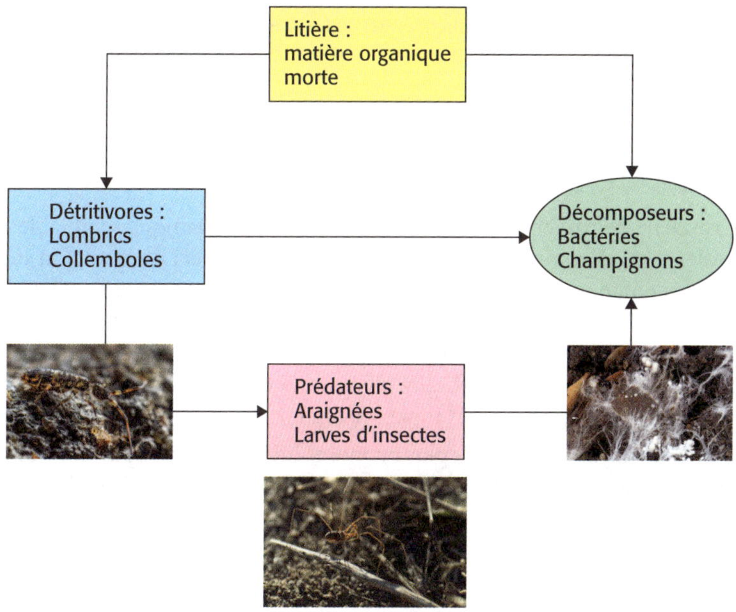

Vocabulaire

Faune : ensemble d'animaux.

Arthropode : groupe d'animaux dont le corps est segmenté et muni de pattes articulées.

Biomasse : masse de matière vivante.

Détritivores : consommateurs de matière organique morte.

Nécromasse : masse de matière organique morte.

Réseau trophique : ensemble des relations alimentaires qui lient entre eux les êtres vivants dans un milieu.

3 Le recyclage de la matière dans le sol

De quoi s'agit-il ? Sous l'action conjuguée des animaux et des micro-organismes du sol, la minéralisation de la matière organique assure la restitution des éléments minéraux prélevés par les végétaux dans le sol.

1 La minéralisation de la matière organique

- Une rondelle de papier-filtre (constituée de matière organique semblable à celle des feuilles) n'est décomposée que si elle est placée au contact d'un sol non stérilisé, c'est-à-dire contenant des micro-organismes (**Doc. 1**). Ces derniers interviennent donc dans la décomposition de la matière organique. Parmi ceux-ci, les bactéries et champignons filamenteux jouent un rôle particulier en se nourrissant de la matière organique auparavant fragmentée et rejetée par les animaux. Ils assurent la minéralisation progressive de la matière organique : ce sont des décomposeurs.
- L'activité des décomposeurs est plus ou moins intense selon les paramètres du sol. Par exemple, une température et un taux d'humidité élevés favorisent la décomposition de la matière organique.
- L'aération du sol est également importante, les êtres vivants ayant besoin de dioxygène pour leur respiration. Au cours de celle-ci, ils dégradent le glucose en présence de dioxygène, ce qui aboutit à sa minéralisation :

$$\text{glucose} + \text{dioxygène} \rightarrow \text{dioxyde de carbone} + \text{eau}$$

$$C_6H_{12}O_6 + 6O_2 \rightarrow 6CO_2 + 6H_2O$$

- Par ailleurs, grâce à l'action des micro-organismes, une partie de la matière organique est transformée puis stockée sous forme d'humus. Celui-ci sera à son tour lentement transformé en matière minérale, sous forme d'ions minéraux dissous dans l'eau du sol.

2 Le cycle de la matière

- Les ions minéraux issus de l'activité des décomposeurs sont absorbés par les racines des végétaux qui les utilisent, en même temps que l'eau et le dioxyde de carbone de l'air, pour la synthèse de leur matière organique.
- Grâce aux décomposeurs, la réserve minérale du sol est en permanence reconstituée, et les pertes dues à l'absorption des végétaux sont compensées.
- Cette réserve minérale est aussi entretenue par l'altération de la roche-mère. Ainsi, le sol participe au cycle de la matière (**Doc. 2**) en favorisant la transformation de la matière organique en matière minérale et inversement.

Doc. 1 La dégradation de la matière organique

Doc. 2 Le cycle de la matière

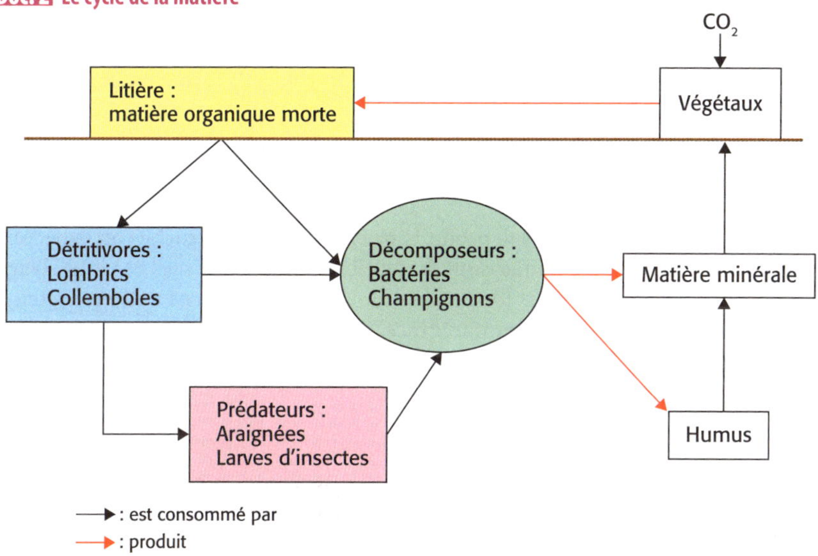

Vocabulaire

Minéralisation : dégradation de la matière organique et transformation en matière minérale.

Décomposeurs : micro-organismes qui assurent la minéralisation de la matière organique.

Réserve minérale : réserve en ions et en eau utilisables par les végétaux.

Cycle de la matière : ensemble des étapes qui transforment la matière organique des êtres vivants en matière minérale, elle-même utilisée à son tour pour la synthèse de matière organique.

4 La fertilité des sols

De quoi s'agit-il ? La biomasse produite sur un sol dépend de sa fertilité, elle-même liée à sa composition et ses propriétés.

1 Une réserve en air et en eau

- Un sol trop compact empêche la pénétration de l'air et prive les êtres vivants du sol (racines, faune, micro-organismes) du dioxygène nécessaire à leur respiration. Il limite aussi la circulation d'eau.
- Au contraire, un sol qui forme des grumeaux de terre favorise la circulation et la mise en réserve de l'air et de l'eau (**Doc. 1**). Les racines des végétaux y pénètrent plus facilement.
- Cette structure est rendue possible par la présence d'argile et d'humus en quantité suffisante. Associés entre eux et avec les débris de roche, ils forment des grumeaux entre lesquels air et eau circulent.

2 Une réserve en ions

- Les éléments minéraux du sol, produits par l'altération des roches ou la décomposition de la matière organique, sont susceptibles d'être entraînés par le lessivage. Si une partie des ions est sous forme libre dans l'eau du sol, une autre est retenue par les particules d'argile et d'humus, grâce à leurs charges électriques (**Doc. 2**). Elle constitue une réserve minérale délivrée progressivement aux plantes.

3 L'acidité du sol

- Un sol renferme une plus ou moins grande quantité d'ions H^+ qui détermine son pH, c'est-à-dire son degré d'acidité variable selon la roche-mère. Sur un calcaire, le pH sera plutôt basique et plutôt acide sur un granite.
- L'acidité du sol conditionne la présence des végétaux qui peuvent s'y développer. Certaines espèces végétales sont dites calcicoles et d'autres silicicoles.
- La vitesse de décomposition de la matière organique dépend aussi de l'acidité du sol. Dans les sols faiblement acides, les micro-organismes du sol sont abondants et la dégradation de la matière organique est rapide.
- Dans un sol acide (ou sous climat froid), la quantité d'humus produite est plus faible, le sol est plus pauvre, et par conséquent la production de la biomasse moins importante.

Doc. 1 La structure du sol

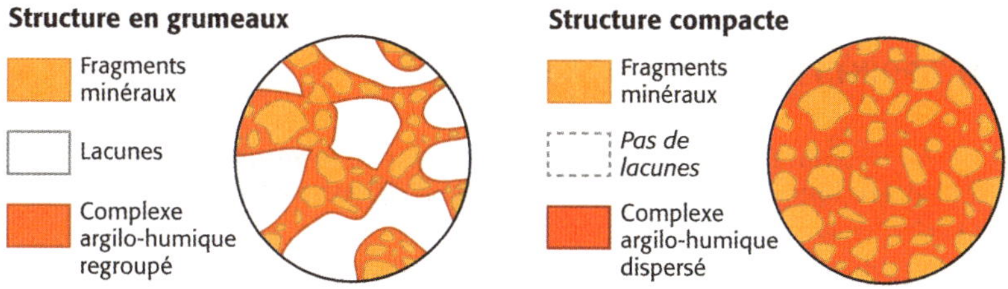

Doc. 2 Le stockage et les échanges d'ions dans le sol

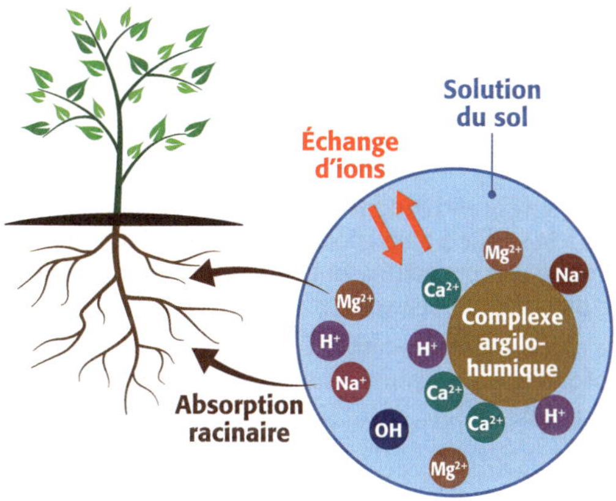

Vocabulaire

Grumeaux : masse de matière formée par agglomération de particules.

Lessivage : entraînement des substances minérales du sol par les eaux de ruissellement.

Calcicole : qui pousse exclusivement ou préférentiellement sur sol calcaire et peu acide.

Silicicole : qui pousse exclusivement ou préférentiellement sur sol acide.

RÉVISION EXPRESS

LES POINTS IMPORTANTS À RETENIR

- Situé à l'interface entre les roches et la biosphère, le sol résulte à la fois de l'**altération** des roches du **sous-sol** et de la **décomposition** de la matière organique des êtres vivants.
- Il abrite des êtres vivants variés, animaux, **micro-organismes** comme les bactéries et les champignons filamenteux. Entre eux s'établissent des relations alimentaires dont l'ensemble forme un **réseau trophique**.
- Les **décomposeurs**, bactéries et champignons filamenteux, transforment la matière organique morte en matière minérale et en **humus** qui sera progressivement minéralisé.
- Le sol constitue ainsi une **réserve de matière minérale** (ions et minéraux) indispensable à la nutrition des végétaux qui y sont fixés. Ceux-ci produisent à leur tour de la matière organique à partir des éléments minéraux prélevés. De ce fait, le sol participe au **cycle de la matière**.
- Les propriétés du sol conditionnent sa **fertilité** et par conséquent la **production de la biomasse** à la surface. La présence d'argile et d'humus en quantité suffisante lui donne une **structure en grumeaux** favorable à la circulation et au stockage de l'air et de l'eau.
- La nature de la roche-mère conditionne l'**acidité** du sol, la décomposition de la matière organique en matière minérale et finalement le type de végétation qui peut être porté par le sol.

LES MOTS IMPORTANTS

- Sol
- Altération
- Roche-mère
- Sous-sol
- Humus
- Litière
- Faune du sol
- Détritivores
- Décomposeurs
- Réseau trophique
- Cycle de la matière
- Réserve minérale
- Production de biomasse
- Fertilité
- Structure en grumeaux
- Acidité du sol

LE SCHÉMA IMPORTANT À RETENIR

Le fonctionnement d'un sol et le devenir de la matière

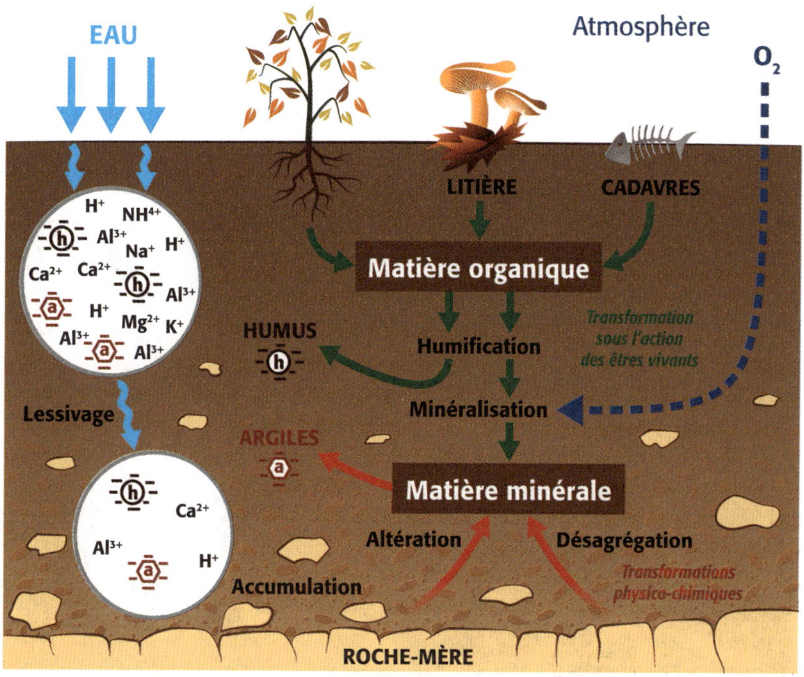

Quiz

1. La roche-mère fait partie du sol.
☐ Vrai ☐ Faux

2. L'humus est constitué de matière minérale.
☐ Vrai ☐ Faux

3. Les détritivores facilitent le travail des décomposeurs.
☐ Vrai ☐ Faux

4. Une structure en grumeaux favorise l'aération du sol.
☐ Vrai ☐ Faux

5. Citer deux décomposeurs.

→ Réponses p. 116

Utiliser une clé de détermination

ÉNONCÉ

L'étude de la faune du sol apporte des informations sur quelques-unes de ses propriétés notamment son aptitude à la dégradation de la matière organique. Mais, en raison de la diversité de cette faune, on utilise un outil d'aide à la détermination appelé clé de détermination.
Utilisez la clé de détermination présentée pour déterminer le nom des représentants (notés de 1 à 5) de la faune de ce sol.

MÉTHODE

Il faut tout d'abord comprendre comment fonctionne une clé de détermination. Son principe consiste à choisir, à chaque étape, entre deux caractères (par exemple présence ou l'absence de pattes) représentés dans deux cases adjacentes. On progresse ainsi, de la gauche vers la droite de cette clé, dans la classification d'abord en identifiant le groupe de l'animal, puis des sous-catégories jusqu'au nom de l'espèce.

<table>
<tr><td rowspan="9">Présence de pattes articulées : arthropodes</td><td rowspan="3">3 paires de pattes : insectes (ou apparentés)</td><td colspan="2">Avec ailes : Punaise, Perce-oreille</td></tr>
<tr><td rowspan="2">Sans ailes :</td><td>Sans antennes : Protoure</td></tr>
<tr><td>Avec antennes : Collembole</td></tr>
<tr><td rowspan="4">4 paires de pattes : arachnides</td><td colspan="2">Corps en deux parties : Araignée</td></tr>
<tr><td colspan="2">Corps trapu : Acariens</td></tr>
<tr><td colspan="2">Une paire de pince : Pseudo-scorpion</td></tr>
<tr><td colspan="2">Grandes pattes : Opilion</td></tr>
<tr><td rowspan="2">Plus de 7 paires de pattes : myriapodes</td><td colspan="2">Une paire de pattes par segment : Géophile</td></tr>
<tr><td colspan="2">Deux paires de pattes par segment : Diplopodes</td></tr>
<tr><td></td><td>7 paires de pattes : crustacés</td><td colspan="2">Cloporte</td></tr>
<tr><td rowspan="4">Absence de pattes</td><td>Mollusques</td><td colspan="2">Limace, Escargot</td></tr>
<tr><td rowspan="2">Vers</td><td colspan="2">Corps sans anneau : Nématode</td></tr>
<tr><td colspan="2">Corps avec anneaux : Lombric</td></tr>
<tr><td colspan="3">Larves d'insectes</td></tr>
</table>

CORRIGÉ

L'animal (1) possède plus de 7 paires de pattes : c'est donc un myriapode. Il ne possède qu'une paire de pattes par segment c'est un **Géophile**.

Remarque : on voit sur certains segments deux pattes côte à côte, mais il s'agit bien des pattes droite et gauche, qui ne sont pas exactement alignées par rapport à l'axe de la photo.

L'animal (2) possède 4 paires de pattes : c'est donc un arachnide. Son corps est divisé en deux parties, d'une part la tête et le thorax fusionnés et d'autre part l'abdomen. C'est une **Araignée**.

L'animal (3) avec ses 4 paires de pattes est aussi un arachnide mais contrairement au précédent son corps n'est pas divisé en deux parties, il est plutôt trapu. Par ailleurs, il ne possède ni pinces ni de grandes pattes, ce qui élimine les pseudo-Scorpions et les Opilions. L'animal est un **Acarien**.

L'animal (4) présente les mêmes caractéristiques. C'est lui aussi un **Acarien**.

L'animal (5) possède 3 paires de pattes, c'est donc un insecte. Il est dépourvu d'ailes mais possède des antennes, c'est donc un **Collembole**.

Vérification des connaissances

Pour chaque question, il y a entre 0 et 3 bonnes réponses.

1. L'argile d'un sol se forme à partir :
a. de l'altération de la roche-mère ;
b. de la décomposition des êtres vivants ;
c. des deux à la fois.

2. Dans le sol, on trouve :
a. de la matière organique et de la matière minérale ;
b. seulement de la matière organique, l'humus ;
c. seulement des particules d'argile.

3. La structure en grumeaux d'un sol :
a. est liée à la présence d'argile et d'humus ;
b. favorise la circulation d'eau ;
c. rend le sol peu fertile.

4. Les lombrics présents dans le sol :
a. sont des détritivores ;
b. creusent des galeries qui aèrent le sol ;
c. assurent la circulation de matière dans le sol.

5. La réserve minérale du sol :
a. dépend de la nature de la roche-mère ;
b. est reconstituée par les végétaux ;
c. est constituée d'humus.

6. La minéralisation de la matière organique :
a. est assurée par les racines des végétaux ;
b. est effectuée par les décomposeurs ;
c. provient de l'altération de la roche-mère.

7. La dégradation de la matière organique :
a. est plus rapide dans un sol acide ;
b. produit de l'humus ;
c. est accélérée à basse température.

Exercices d'entraînement

1 Les sols et leur formation

Restitution organisée de connaissances

Après avoir rappelé la structure et la composition d'un sol, vous exposerez comment il se forme.
Votre réponse sera présentée sous la forme d'un plan détaillé.

2 Les facteurs climatiques et la formation du sol

Exploitation de document

En regroupant des données issues de différents écosystèmes, comme le montre la figure suivante, on a pu mettre en évidence une relation entre l'importance des précipitations, les températures moyennes et l'épaisseur du sol en fonction de la latitude (de l'équateur jusqu'au pôle).
On rappelle que les latitudes tempérées sont situées entre 40° et 60°.

Doc. Épaisseur des sols et des conditions climatiques en fonction de la latitude

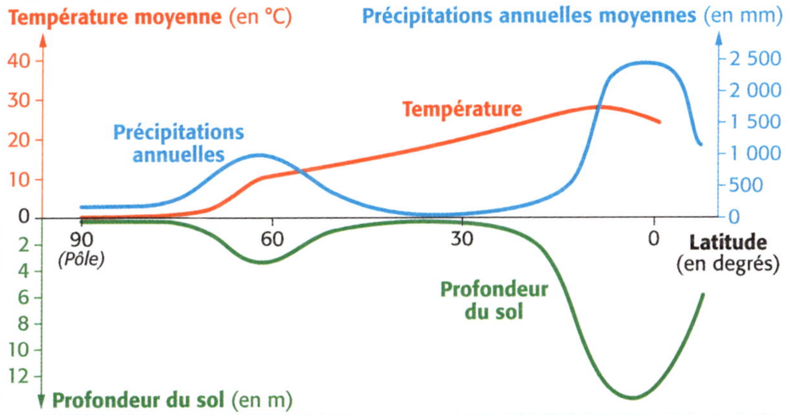

QUESTIONS

1. Dans quelle région du globe les sols sont-ils les plus épais, dans quelle région sont-ils inexistants ?

2. Quels sont les deux facteurs climatiques favorisant la formation des sols ?

3. Comment expliquer l'absence de sol dans les régions désertiques ?

3 Protéger les sols contre le ruissellement

Exploitation de document

Le ruissellement est l'écoulement des eaux à la surface des sols (contrairement à celles y pénétrant par infiltration). Il favorise l'érosion par entraînement de particules et donc diminue la fertilité des sols. Pour lutter contre ce problème, on cherche à comprendre les facteurs favorisant le ruissellement et en limiter les effets. Le document suivant montre l'importance du ruissellement en fonction du taux de recouvrement du sol par des résidus de la récolte (tiges de maïs, paille de céréales…), d'une part sur un sol sec, d'autre part sur un sol humide.

Doc. **Influence de l'état hydrique du sol et rôle de la couverture dans la réduction de la qualité de ruissellement (d'après étude INRA)**

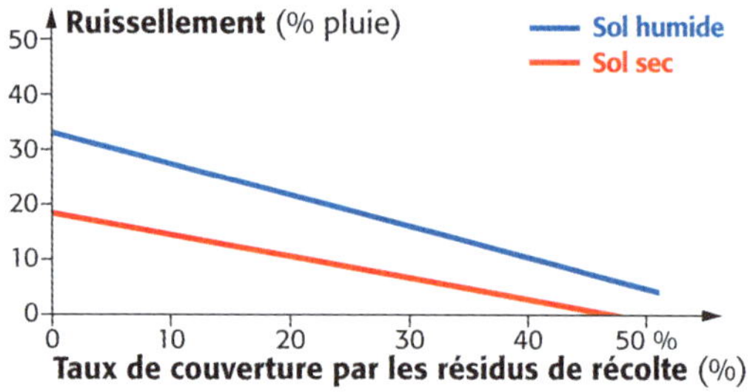

QUESTIONS

1. Comparez pour un même taux de recouvrement (20 %), le ruissellement sur un sol sec et sur un sol humide. Expliquez la différence observée.

2. Indiquez comment varie le ruissellement sur un sol sec en fonction du taux de couverture. Expliquez ce résultat.

3. D'après les résultats précédents, quelle serait la valeur relative du ruissellement (plus grande ou plus petite) sur un sol de prairie et sur le sol d'un champ laissé à nu ?

4 Les Lombrics et la fertilité des sols

Exploitation de document

Pour évaluer l'importance des Lombrics (vers de terre) pour la fertilité du sol, on compare la croissance de plants de maïs en mesurant la masse de feuilles produites ainsi que leur qualité (indice de chlorophylle).
Les résultats obtenus sont représentés dans le tableau suivant.

	Masse des feuilles (en g)	Indice de chlorophylle
Sans Lombric	14	1,10
Avec Lombrics	30,1	1,9

QUESTIONS

1. Exploitez ces résultats pour mettre en évidence l'effet des Lombrics sur la production.

2. Proposez une explication quant au mode d'action des Lombrics sur la fertilité du sol.

5 Une formation lente

Exploitation de document

Il est possible d'évaluer la vitesse de formation du sol en mesurant la variation de son épaisseur au cours du temps dans une formation existante. On peut également utiliser des modèles mathématiques prédictifs comme celui présenté sur le graphique ci-dessous.

Doc. Production de sol au cours du temps

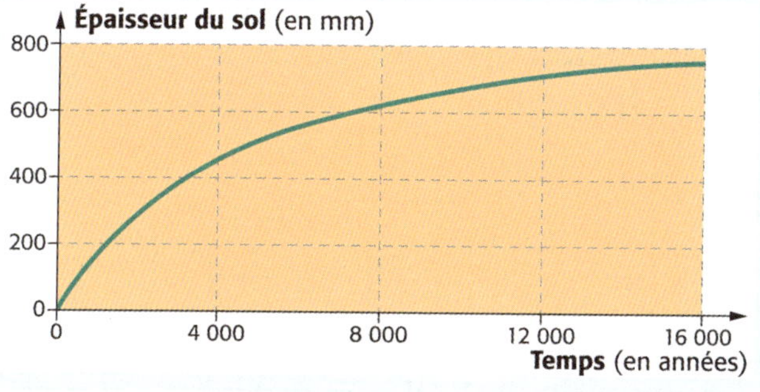

QUESTIONS

1. Calculez la vitesse (en mm/an) de formation du sol pour les 4000 premières années. Même question pour les 4000 dernières années.

2. Interprétez ce résultat.

3. Sachant que l'érosion des sols, en particulier lorsqu'ils sont mis à nu, peut atteindre des vitesses de 1 mm/an, quel problème est posé ?

6 Deux propriétés du sol

Exploitation de documents

Pour comprendre les propriétés de l'humus présent dans le sol, on pratique les expériences présentées dans les **Doc. 1** et **2**.

Doc. 1

Deux échantillons de sol, l'un riche en humus, l'autre dans lequel l'humus a été détruit, sont chacun placés dans un entonnoir surmontant une éprouvette graduée. Sur chacun d'eux, on verse un volume d'eau identique, puis on mesure le volume d'eau recueilli dans l'éprouvette après son passage dans le sol.

	Sol avec humus	Sol sans humus
Volume d'eau versé (litre)	1	1
Volume d'eau recueilli (litre)	0,5	0,7

Doc. 2

On utilise le même dispositif mais cette fois on verse du bleu de méthylène à travers les deux échantillons de sol. On précise que le bleu de méthylène doit sa couleur à des ions (chargés positivement).

	Sol avec humus	Sol sans humus
Couleur du liquide recueilli dans l'éprouvette	Incolore	Bleu

QUESTIONS

1. Décrivez et interprétez les résultats de la première expérience pour en déduire une propriété du sol.

2. Même question pour la seconde expérience.

3. Les sols riches en humus sont les plus fertiles. Expliquez pourquoi en utilisant vos réponses précédentes.

7 Biodiversité dans un sol forestier et dans un sol cultivé

Exploitation de document

On a pu recueillir la faune d'un sol forestier d'une part et celle d'un champ cultivé d'autre part. Les résultats figurent sur les deux photographies suivantes.

Doc. **Comparaison de la biodiversité dans un sol forestier et dans un sol cultivé**

QUESTIONS

1. Comparez la biodiversité de ces deux sols.

2. Proposez au moins deux explications à ces différences.

Quiz

1 **Faux**, la roche-mère fait partie du sous-sol.

2 **Faux**, l'humus est un ensemble de composés organiques partiellement décomposés.

3 **Vrai**, ils se nourrissent de matière organique morte et la fragmentent offrant ainsi une plus grande surface de contact aux décomposeurs.

4 **Vrai**, la structure en grumeaux ménage des espaces au niveau desquels l'air (comme l'eau) peut circuler.

5 Les bactéries et les champignons microscopiques sont des décomposeurs.

Vérification des connaissances

1 **a.** est vraie, l'altération du granite transforme certains de ses minéraux en argile. **b.** et **c.** sont fausses, l'argile est un minéral. **2** **a.** est vraie, **b.** et **c.** sont fausses. **3** **a.** et **b.** sont vraies, **c.** est fausse, en favorisant la circulation d'air, d'eau et d'ions solubles, la structure en grumeaux rend le sol fertile. **4** **a.** est vraie, les lombrics se nourrissent des débris de matière organique morte contenue dans la terre. **b.** et **c.** sont vraies. **5** **a.** est vraie, **b.** est fausse : les végétaux absorbent les ions minéraux du sol. **c.** est fausse, l'humus est composé de matière organique. **6** **a.** est fausse, **b.** est vraie. **c.** est fausse : la roche-mère libère des minéraux mais ils ne proviennent pas de la matière organique. **7** **a.** est fausse, l'acidité d'un sol ralentit l'activité des décomposeurs. **b.** est vraie, l'humus provient d'une dégradation partielle de la matière organique. **c.** est fausse, une basse température ralentit l'activité des décomposeurs.

Exercices d'entraînement

1 Les sols et leur formation

Introduction

1. La structure et la composition des sols

a. Une organisation en horizons superposés : les différentes couches entre le sous-sol et la surface

b. Un mélange de matière minérale (particules de différentes tailles, argile et ions minéraux) et de matière organique (humus)

2. Une double origine

a. Une altération de la roche-mère : elle fournit des composants minéraux (argiles et ions minéraux)

b. La production d'humus : décomposition partielle de la matière organique présente en surface par les êtres vivants du sol, dont les décomposeurs

c. Une minéralisation de la matière organique

3. Les conditions de la formation du sol

a. Le rôle de l'eau (altération de la roche-mère, indispensable aux êtres vivants)

b. Influence de la température

Conclusion :
Les sols résultent d'une interaction entre les roches et la biosphère. Ils se forment lentement et doivent être préservés.

2 Les facteurs climatiques et la formation du sol

1. Les sols sont les plus épais aux tropiques et à l'équateur et dans une moindre mesure dans les régions tempérées. Ils sont inexistants ou extrêmement fin dans les régions polaires.

2. Des précipitations annuelles abondantes ainsi qu'une température élevée favorisent la formation des sols comme on peut l'observer dans les régions tropicales et équatoriales.

3. Si la température élevée est suffisante, l'absence de précipitations rend impossible la formation d'un sol. L'absence d'eau ne permet ni l'érosion des roches ni la dégradation de la matière organique, ceci en raison de l'absence ou de la rareté des êtres vivants.

> **L'astuce du prof**
> Pensez à utiliser votre réponse à la question 2 pour répondre à la question 3 !

3 Protéger les sols contre le ruissellement

1. Indépendamment du taux de recouvrement du champ, le ruissellement est plus important sur un sol humide que sec. Un sol humide est plus rapidement saturé en eau, celle-ci ruisselle alors à sa surface.

2. Pour un sol sec, la valeur du ruissellement est comprise entre 0 % et 20 %. Elle diminue au fur et à mesure que la couverture du sol est plus importante et devient nulle lorsque le taux de couverture atteint près de 50 %. La persistance de résidus végétaux dans le champ protège la surface du sol contre l'impact de la pluie. L'eau est en partie retenue par le couvert végétal. Le sol est alors moins vite saturé, ce qui limite là encore la quantité d'eau de ruissellement.

3. Une prairie est en permanence recouverte par une végétation herbacée. Sur son sol, le ruissellement sera donc moins important que sur celui d'un champ cultivé non recouvert par les plantes de la culture.

4 Les Lombrics et la fertilité des sols

1. Dans un sol avec Lombrics, la masse des feuilles produites est deux fois supérieure à celle d'un sol sans Lombrics. On retrouve un résultat similaire en ce qui concerne la qualité des feuilles, mesurée par l'indice de chlorophylle, puisque la présence des Lombrics double celui-ci.
Ainsi, la présence des Lombrics est un facteur favorable à la quantité et à la qualité des plantes produites dans l'agrosystème champ de maïs.

2. Par leurs allers-retours incessants entre la surface et la profondeur, les Lombrics creusent des galeries qui permettent l'oxygénation du sol, le développement de la faune ainsi que la respiration des racines.
En creusant leurs galeries, les Lombrics avalent la terre et en digèrent la matière organique. Celle-ci est fragmentée et les déchets rejetés sont plus facilement dégradés par les micro-organismes décomposeurs du sol. Ainsi, le sol s'enrichit en humus et sa réserve minérale se reconstitue.

5 Une formation lente

> **Réflexe à avoir**
> Une vitesse est le rapport d'une distance (ici épaisseur en mm) sur un temps (ici an).

1. Au cours des 4000 premières années, une épaisseur d'environ 450 millimètres de sol est formée. La vitesse de formation du sol est 450/4000 = 0,11 mm/an. Pour les 4000 dernières années : à 12000 ans, l'épaisseur du sol est de 700 mm, à 16000 ans, l'épaisseur du sol est d'environ 750 mm.
50 mm de sol ont été formés en 4000 ans, soit une vitesse de 50/4000 = 0,01 mm.

> **Réflexe à avoir**
> Comparez la vitesse de formation du sol à la vitesse d'érosion.

2. La vitesse de formation d'un sol est faible, inférieure à 1 mm par an, et diminue au cours du temps. On peut expliquer ce ralentissement par le fait qu'après une augmentation de l'épaisseur, le sol atteint un état d'équilibre avec le climat et la végétation.

3. La vitesse d'érosion du sol est de 10 à 100 fois supérieure à sa vitesse de formation. Le sol est donc plus vite détruit qu'il n'est formé. Pourtant, son existence est nécessaire à la présence de végétaux et indirectement à la vie sur Terre. Le sol est donc une ressource précieuse qu'il faut préserver.

6 Deux propriétés du sol

1. Le volume d'eau recueilli après son passage dans un sol avec humus est inférieur à celui du sol sans humus. Le sol avec humus est donc capable de retenir plus d'eau que le sol sans humus. La réserve en eau du sol est augmentée grâce à l'humus.

2. Après avoir traversé le sol avec humus, le liquide est devenu incolore. Il est resté coloré en passant dans le sol sans humus. L'humus a donc fixé et conservé les ions positifs. La réserve en ions du sol est augmentée grâce à l'humus.

> **L'astuce du prof**
> Il faut se demander ce qu'a perdu le bleu de méthylène en devenant incolore.

3. La production de biomasse nécessite de l'eau et des ions pour la synthèse de matière organique. Le sol peut d'autant plus fournir ces éléments à la plante qu'il en renferme grâce à l'humus.

7 Biodiversité dans un sol forestier et dans un sol cultivé

1. La biodiversité du sol forestier est bien supérieure à celle du sol cultivé. Cette supériorité concerne aussi bien la biomasse que la diversité des espèces.

2. Dans le sol cultivé, le cycle de la matière est interrompu puisque seule une très faible fraction de la matière végétale produite retourne au sol ou y reste (racines…). Or des animaux du sol se nourrissent de cette matière. De plus, la faible diversité des espèces végétales dans le champ cultivé (il n'y en a même souvent qu'une, la plante cultivée) peut expliquer la faible diversité des espèces présentes.
Néanmoins, cette explication peut ne pas être suffisante car les fertilisants enrichissent le sol et apportent une source de matière première pour la faune du sol. Mais celle-ci ne peut satisfaire que quelques rares espèces.

CHAPITRE 6

Agrosystèmes et développement durable

1 L'agrosystème, un écosystème cultivé

De quoi s'agit-il ? Les agrosystèmes sont des écosystèmes artificiels créés par l'Homme et gérés afin de produire de la biomasse destinée à satisfaire les besoins de l'humanité.

1 Des écosystèmes tournés vers la production

- La majeure partie de la production des agrosystèmes cultivés est destinée à l'alimentation humaine, mais d'autres sont exploités pour la production de textile, d'agrocarburants ou de molécules pour l'industrie pharmaceutique.
- Le modèle de culture varie selon les besoins, les conditions, les ressources locales. Ainsi, l'agriculture vivrière est tournée vers une production locale consommée essentiellement par l'agriculteur et sa famille, employant peu de techniques modernes, demandant de faibles investissements et avec des rendements faibles.
- L'agriculture intensive au contraire recherche l'accroissement maximal de la biomasse en utilisant des techniques modernes, dont l'utilisation d'intrants parmi lesquels des fertilisants et des produits phytosanitaires (ou pesticides).
- Entre ces deux modes de production, l'agriculture extensive se caractérise par des rendements relativement faibles.

2 Une biocénose et un biotope modifiés

- Comme tous les écosystèmes, l'agrosystème est constitué d'un biotope et d'une biocénose entre les êtres vivants de laquelle s'établissent des relations alimentaires.
- Dans un champ, la biocénose est constituée essentiellement de la plante cultivée, (maïs, blé…) mais aussi de quelques adventices, de ravageurs et de parasites.
- Le biotope d'un agrosystème est caractérisé par les qualités du sol (sablonneux, argileux, calcaire, et dans l'idéal, profond et riche en minéraux) ainsi que par les facteurs climatiques (température, précipitations…).
- L'Homme agit sur la biocénose en implantant la plante cultivée et en éliminant les adventices et les nuisibles (**Doc.**). Il modifie aussi le biotope pour favoriser la production de cette plante cultivée.

Doc. **Gestion de l'agrosystème « champ de maïs »**

L'action sur la biocénose consiste en premier lieu à implanter la plante, le maïs, au cours du semis.

À partir de la germination, une jeune plantule se développe, grandit et se transforme en pied de maïs. À la floraison, des fleurs mâles et femelles se mettent en place sur la tige. Elles donneront des graines, réunies en épis. Une fois arrivés à maturité, les épis sont récoltés.

Au cours de la culture, la pulvérisation de produits phytosanitaires tels que herbicides et insecticides permettent la suppression des parasites et ravageurs de la culture.

Le biotope quant à lui est modifié par le travail du sol, l'apport d'engrais, l'irrigation et les traitements sur la culture.

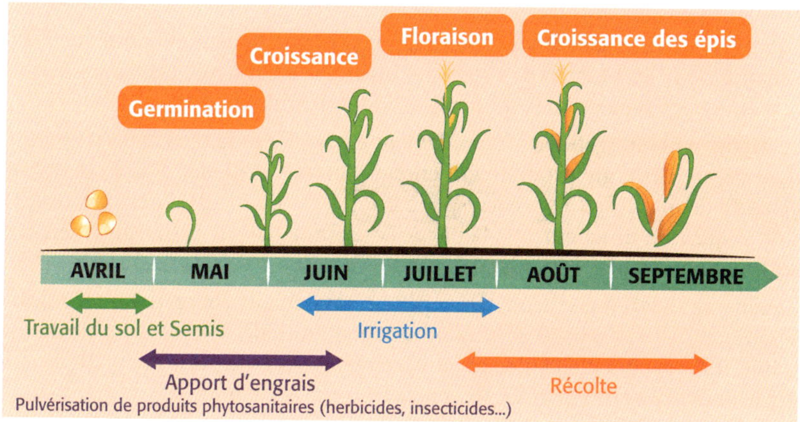

Vocabulaire

Agrosystème : écosystème artificiel créé par l'Homme pour la culture de végétaux ou pour l'élevage.

Vivrière (agriculture) : dont la production est destinée essentiellement à l'agriculteur et sa famille.

Intrants : produits ajoutés à une culture afin d'améliorer son rendement.

Fertilisants : produits destinés à améliorer la fertilité du sol, par des apports nutritifs ou en améliorant sa structure.

Produits phytosanitaires : produits utilisés dans les cultures pour éliminer les ravageurs et les adventices, et éviter le développement de maladies.

Adventices : espèces se développant dans une culture sans y avoir été semées et faisant concurrence à la plante cultivée.

2 Flux de matière et d'énergie dans les agrosystèmes

De quoi s'agit-il ? **Un agrosystème est traversé par des flux d'énergie et de matière dont dépendent à la fois sa productivité et son impact sur l'environnement.**

1 Flux d'énergie

- Un champ de maïs (**Doc. 1**) produit de la matière renfermant une quantité d'énergie équivalente à 270 mégajoules par hectare et par an. Celle-ci provient intégralement de la conversion de l'énergie solaire (21 300 MJ/ha/an) par la plante au cours de la photosynthèse.
- L'énergie convertie sous forme de matière organique est ensuite exportée en dehors du champ pour les besoins de l'Homme. Ainsi, l'agrosystème est traversé par un flux d'énergie, à sens unique, du soleil vers le consommateur.
- Le rendement énergétique (ou rendement écologique) de cette conversion est le rapport entre l'énergie produite et l'énergie solaire incidente. Dans cet exemple du champ de maïs (**Doc. 1**), il correspond à 270 / 21 300 = 0,012, c'est-à-dire 1,2 %. Si l'on s'intéresse uniquement à la partie consommable par l'Homme (l'épi et ses 85 MJ/ha/an produits), le rendement est de 85/21 300 = 0,004, c'est-à-dire 0,4 %.
- Chaque agrosystème se caractérise par un rendement énergétique ou efficacité énergétique. S'il est calculé pour la production animale nourrie à partir du maïs produit, il est encore plus faible car un premier niveau de perte énergétique a lieu entre le maïs et l'animal, un second entre l'animal et l'Homme.

2 Flux de matière

- Pour fabriquer sa matière organique, la plante puise de la matière minérale dans son environnement : du dioxyde de carbone dans l'air, des éléments minéraux et de l'eau dans le sol.
- Seule une petite partie de la matière organique produite par la plante reste ou retourne dans le sol (racines, débris de tiges et de feuilles), la majeure partie est exportée. Il n'y a donc pas de recyclage de la matière dans le sol du champ cultivé contrairement à ce qui se produit dans un écosystème naturel (**Doc. 2**). L'agrosystème est donc un écosystème déséquilibré.
- Le cycle de la matière étant rompu, le sol s'appauvrit en éléments nutritifs et l'agriculteur doit compenser en apportant des fertilisants, sous forme d'engrais organiques ou minéraux. Ceux-ci restaurent la fertilité du sol en permettant la nutrition de la plante.

Doc. 1 Flux d'énergie dans l'agrosystème champ de maïs

Doc. 2 L'agrosystème, un écosystème en déséquilibre

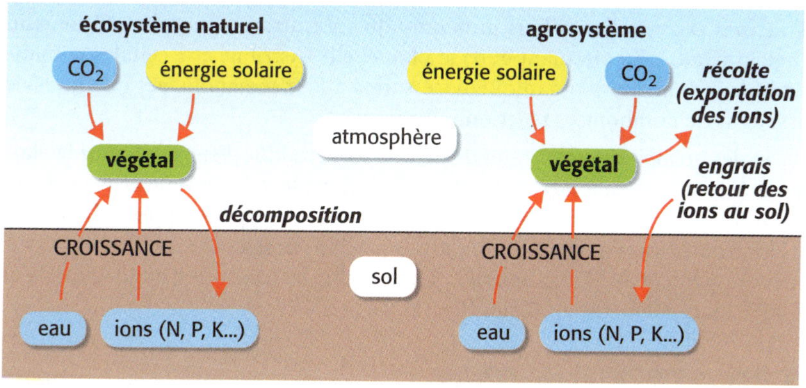

Vocabulaire

Productivité : production (en unités d'énergie ou de masse) par unité de surface et de temps.

Rendement énergétique : rapport de la quantité d'énergie sortante sur la quantité d'énergie entrante.

Engrais : apport de matière minérale ou organique destiné à enrichir le sol en éléments nutritifs pour les végétaux cultivés.

3 Améliorer la productivité des agrosystèmes

De quoi s'agit-il ? Pour relever le défi de nourrir l'humanité, la productivité des agrosystèmes s'est améliorée grâce à l'emploi de techniques modernes.

1 Une amélioration permanente des rendements

- Jusque dans la première moitié du XXe siècle, les rendements des principales céréales cultivées en France, maïs, blé, orge, étaient compris entre 10 et 20 quintaux par hectare. Aujourd'hui, ils atteignent 100 Q/ha pour le maïs et 70 Q/ha pour le blé tendre (**Doc. 1**).
- Ces progrès remarquables s'expliquent par la modernisation de l'agriculture opérée dès le début des années 1950. À cette époque, les plantes cultivées ont reçu des traitements phytosanitaires éliminant les plantes adventices ainsi que les parasites et les ravageurs.

2 Rendements et irrigation

- L'eau est le principal (80 à 95 %) constituant des plantes. Elle est absorbée par les racines et avec elle les ions minéraux du sol (nitrates, phosphates, potassium et calcium, etc.). En circulant dans la plante, elle distribue aux cellules la matière minérale et la matière organique nécessaires à leur métabolisme. Elle intervient aussi dans de nombreuses réactions chimiques.
- L'eau des précipitations est retenue dans le sol et rendue disponible pour la plante. Pendant la saison chaude, la quantité d'eau dans le sol diminue et peut devenir insuffisante pour satisfaire les besoins des plantes. Un apport supplémentaire d'eau est alors fourni par l'irrigation. On estime que dans la deuxième moitié du XXe siècle le développement de l'irrigation des plantes cultivées a permis d'augmenter de plus de 50 % les rendements agricoles (**Doc. 2**).

3 Rendements et fertilisants

- Des fertilisants permettent de compenser l'appauvrissement du sol dû aux pertes liées à l'exportation de la récolte. Ces fertilisant peuvent être composés de substances minérales directement absorbées par les racines mais perdues en partie par lessivage. Il peut aussi s'agir d'engrais organiques, plutôt utilisés par l'agriculture biologique. Ces derniers favorisent la multiplication des micro-organismes du sol et la production d'humus. Ils seront décomposés et minéralisés avant d'être utilisés par la plante.

Doc. 1 Évolution du rendement moyen des principales céréales en France

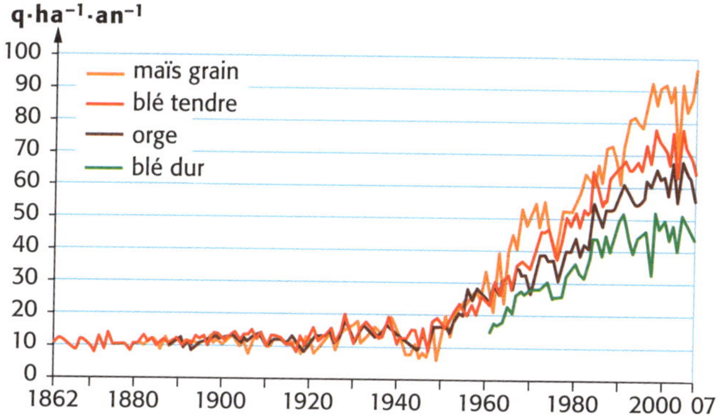

Doc. 2 Rendements pour quatre variétés de maïs, cultivées avec ou sans irrigation

Variétés		LG 11	Liza	Anjou	DEA
Rendements des grains (Q/ha)	Sans irrigation	48,7	69,9	37,4	82,9
	Avec irrigation	79,7	85	64,8	91,1

Vocabulaire

Rendement (agricole) : masse de matière récoltée par unité de surface (en quintaux par hectare le plus souvent).

Irrigation : apport d'eau fourni par l'Homme à une culture.

Engrais organique : engrais, le plus souvent d'origine naturelle et produits à partir de déchets organiques (fumier, compost). Ils doivent être minéralisés dans le sol avant d'être assimilables par les végétaux.

Agriculture biologique : mode de production interdisant l'usage de produits chimiques de synthèse tels que les pesticides et utilisant des engrais organiques en quantité limitée.

4 Vers une agriculture durable

De quoi s'agit-il ? Le développement d'une agriculture durable permet tout à la fois de couvrir les besoins de l'humanité et de limiter ou de compenser les impacts environnementaux.

1 Une protection des cultures plus respectueuse de l'environnement

- Les produits phytosanitaires peuvent s'avérer dangereux, notamment par leur concentration le long des chaînes alimentaires. En effet, la substance d'abord accumulée dans les végétaux se retrouve concentrée dans les organismes qui la consomment et plus concentrée encore chez les prédateurs de ces derniers. On observe ainsi un effet de concentration d'un facteur 5 à 10 d'un maillon à l'autre de la chaîne, le dernier maillon, l'Homme dans le cas d'un agrosystème, étant le plus exposé.
- On préconise donc une utilisation raisonnée des produits phytosanitaires (**Doc.**). Par ailleurs, on peut avoir recours à la lutte biologique en favorisant l'activité d'auxiliaires qui consomment les ravageurs de culture (comme la Coccinelle qui se nourrit de Pucerons).

2 Une fertilisation raisonnée

- L'usage des engrais a parfois eu des effets négatifs : pollution des nappes d'eau souterraines, accumulation des algues vertes le long des plages en Bretagne…
- Une utilisation raisonnée des engrais minéraux consiste à fournir une juste quantité au moment où la plante en a besoin, en évitant les périodes de fortes pluies, responsables du lessivage des sols. Cette pratique est d'autant plus judicieuse qu'un apport excessif d'engrais diminue le rendement de la plante. Enfin, l'utilisation d'engrais organique, dont les molécules sont de grande taille et non lessivables, limite ces problèmes.

3 La protection des sols

- Le maintien d'une couverture (résidus de culture ou cultures intermédiaires) protège les sols de l'érosion et du ruissellement. Par ailleurs, la rotation des cultures favorise leur enrichissement en matière organique.
- Le travail du sol dès la fin de la récolte augmente sa capacité d'infiltration et permet d'éviter le ruissellement.
- Enfin, l'abandon du labour évite la formation d'une semelle de labour et favorise l'accumulation de matière organique dans la couche superficielle du sol.

Doc. **Changements observés dans la production de riz et les dépenses de pesticides en Indonésie**

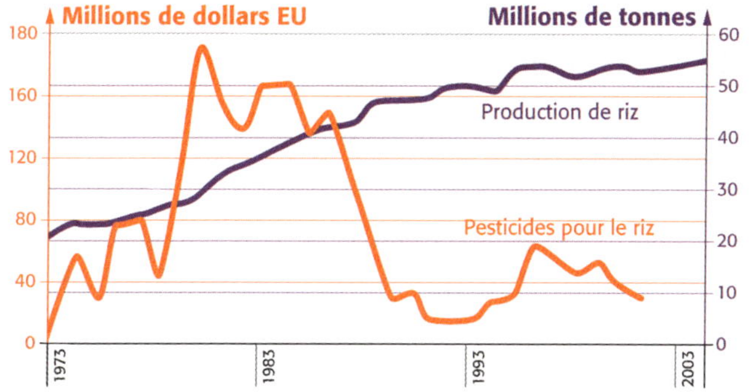

La majeure partie du riz tropical produit en riziculture intensive n'a pas besoin d'insecticides. Les rendements ont augmenté, de trois à six tonnes à l'hectare, grâce à l'utilisation de variétés améliorées, à l'emploi d'engrais et à l'irrigation.

Entre 1988 et 2005, l'Indonésie a fortement réduit ses dépenses de pesticides en riziculture.

Toutefois, au cours des cinq dernières années, la disponibilité de pesticides bon marché et la réduction du soutien aux activités d'éducation des agriculteurs et à la recherche écologique sur le terrain ont déterminé une nouvelle hausse de l'emploi des pesticides, qui a été accompagnée par de vastes infestations de ravageurs, notamment en Asie du Sud-Est.

Vocabulaire

Agriculture durable : agriculture qui gère les ressources en sol et en eau dans la perspective d'un développement durable.

Raisonnée (agriculture) : qui a pour objectif d'optimiser la production en maîtrisant les quantités d'intrants (pesticides, engrais) dans le but de limiter leur impact sur l'environnement.

Lutte biologique : utilisation d'organismes vivants pour prévenir ou réduire les dégâts causés par des ravageurs des cultures.

Auxiliaires (de culture) : ennemis naturels (prédateurs, parasites) des ravageurs de culture. Ce sont aussi les insectes pollinisateurs.

Semelle de labour : couche tassée et dure qui se forme en profondeur dans le sol suite au labour.

RÉVISION EXPRESS

LES POINTS IMPORTANTS À RETENIR

- Les agrosystèmes sont des écosystèmes **artificiels** créés par l'Homme afin de produire de la biomasse végétale ou animale. Leur exploitation nécessite des **intrants** et peut se faire de façon plus ou moins intensive.
- Un agrosystème est constitué d'une biocénose (la plante cultivée et quelques autres êtres vivants) et d'un biotope (les facteurs climatiques et les caractéristiques du sol).
- Traversé par un flux d'énergie, un agrosystème est caractérisé par un **rendement énergétique**, rapport entre l'énergie de la biomasse produite et l'énergie reçue.
- Dans un agrosystème, le cycle de la matière est interrompu en raison de **l'exportation** de la récolte qui empêche la restitution de la matière organique produite dans le sol et sa minéralisation. Pour compenser ces pertes, il est nécessaire d'apporter des **engrais**.
- La modernisation de l'agriculture a permis une augmentation de la production. L'apport d'engrais et **l'irrigation** améliorent la nutrition de la plante tandis que les **traitements phytosanitaires** réduisent les pertes dues aux ravageurs des cultures. Ces progrès ont eu pour conséquence une diminution de la sous-alimentation mondiale.
- Mais les problèmes générés par les techniques modernes (érosion et pollution des sols agricoles, dispersion de pesticides dans l'environnement…) posent un nouveau défi, celui de nourrir les Hommes tout en **préservant l'environnement**.
- Ainsi, l'utilisation d'engrais et de pesticides est-elle **raisonnée**, c'est-à-dire limitée pour obtenir un effet maximal.
- De la même façon, différentes méthodes (pratiques de travail de la terre, alternance des cultures) permettent d'éviter l'érosion des sols.

LES MOTS IMPORTANTS

- Biomasse
- Intrant
- Biocénose
- Biotope
- Flux d'énergie
- Rendement énergétique
- Rendement écologique
- Énergie incidente
- Exportation
- Flux de matière
- Rendement agricole
- Engrais
- Irrigation
- Produits phytosanitaires
- Ravageurs
- Adventices
- Agriculture raisonnée
- Lutte biologique
- Environnement
- Agriculture durable
- Rotation des cultures

LE SCHÉMA IMPORTANT À RETENIR

Les relations dans un agrosystème

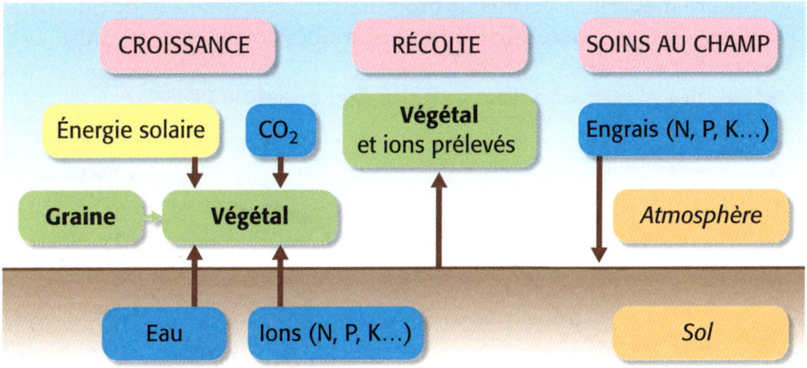

Quiz

1. L'agriculture biologique n'emploie pas d'engrais.
☐ Vrai ☐ Faux

2. Les engrais sont des produits phytosanitaires.
☐ Vrai ☐ Faux

3. Dans un agrosystème, le cycle de la matière est interrompu.
☐ Vrai ☐ Faux

4. Le rendement écologique est généralement exprimé en quintaux par hectare.
☐ Vrai ☐ Faux

5. Le rendement agricole est le rapport de l'énergie incidente sur celle de la biomasse produite.
☐ Vrai ☐ Faux

→ **Réponses p. 138**

Réaliser une synthèse à partir de documents

ÉNONCÉ

L'agriculture moderne a permis de produire plus avec moins et de nourrir plus d'Hommes. Discutez cette affirmation à partir des documents suivants.

Doc. 1 Indicateurs d'intensication de la production agricole mondiale, 1961-2007

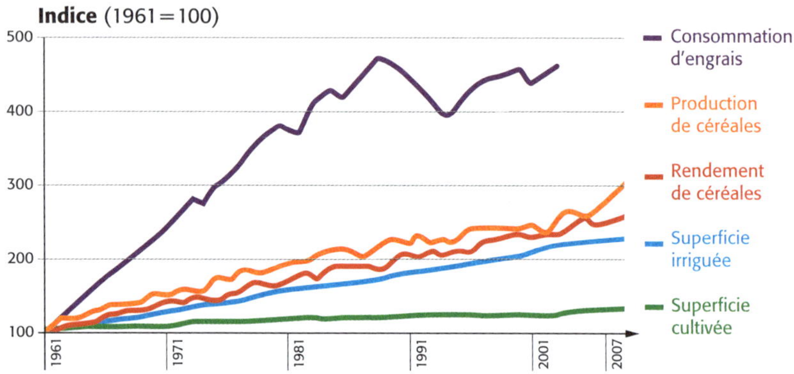

Doc. 2 Sous-alimentation et population mondiale

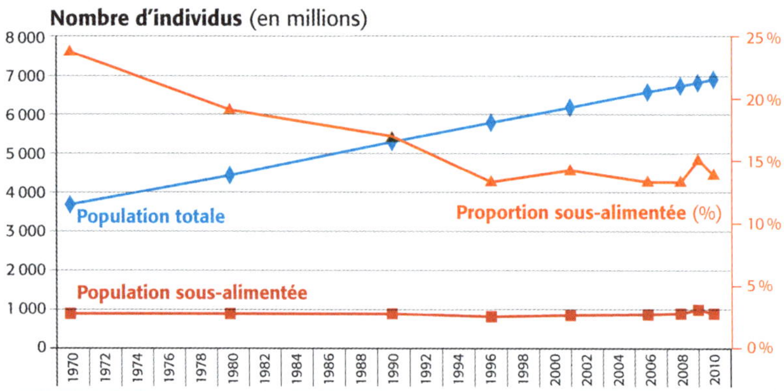

MÉTHODE

Toute synthèse doit s'accompagner d'une introduction qui présente le problème à traiter et d'une conclusion qui y répond.

Il faut commencer par rechercher dans l'énoncé les idées principales à traiter : « produire plus », « avec moins » et « nourrir plus d'Hommes », puis les retrouver dans les documents.

« Produire plus » est figuré par les courbes du **Doc. 1**, qui correspondent à la production et au rendement des céréales. Pour retrouver « Avec moins » dans le graphique du **Doc. 1**, il faut comprendre « moins » dans un sens relatif, c'est-à-dire en comparaison avec une autre donnée.

Enfin « nourrir plus d'Hommes » est à rechercher dans le **Doc. 2** où est mesurée la sous-alimentation mondiale.

CORRIGÉ

Introduction

L'explosion démographique, débutée au début du XXe siècle, se poursuivra au moins jusqu'au milieu du XXIe siècle. Quelle réponse l'agriculture mondiale a-t-elle pu apporter au problème de l'explosion démographique ?

La production de céréales a été multipliée environ par 3 depuis 1960 (**Doc. 1**) alors que la superficie cultivée est restée globalement constante. On a donc produit plus avec moins (de terre). Cela s'explique par l'augmentation des rendements, due à une plus grande consommation d'eau (surface irriguée) et d'engrais. Ces deux derniers points doivent permettre de nuancer l'affirmation « avec moins » puisqu'il y a eu une augmentation des apports dans les agrosystèmes.

Le **Doc. 2** permet de mesurer les effets de ces pratiques agricoles. Le nombre d'individus sous-alimentés reste constant (environ 1 milliard) depuis 50 ans. Néanmoins, en quatre décennies, la population mondiale a presque doublé et la proportion d'individu sous-alimentés a presque diminué de moitié (de 22 % à 14 % environ).

Conclusion

L'amélioration des conditions de production de la biomasse végétale a permis à l'agriculture mondiale de suivre l'augmentation de la population humaine et de contenir le problème de la sous-alimentation sans arriver pour autant à le résoudre entièrement.

Vérification des connaissances

Pour chaque question, il y a entre 0 et 3 bonnes réponses.

1. Pour corriger le déséquilibre des agrosystèmes, il faut :
a. apporter des engrais ;
b. supprimer le labour ;
c. arrêter l'irrigation.

2. Les produits phytosanitaires permettent de :
a. nourrir les végétaux ;
b. lutter contre les ravageurs ;
c. préserver les végétaux des maladies.

3. L'agriculture raisonnée consiste à :
a. supprimer les engrais ;
b. fournir une quantité d'intrants calculée au plus juste ;
c. limiter la production de biomasse.

4. Les fertilisants :
a. améliorent les propriétés du sol ;
b. sont une source d'apports nutritifs ;
c. peuvent être une source de pollution.

5. Le maintien d'un couvert végétal :
a. évite l'érosion des sols ;
b. favorise le ruissellement ;
c. appauvrit le sol en matière organique.

6. L'agriculture vivrière :
a. est une agriculture intensive ;
b. fournit une production limitée ;
c. est destinée à l'industrie.

7. L'emploi d'intrants en agriculture :
a. permet d'augmenter le rendement agricole ;
b. est sans conséquence sur l'environnement ;
c. peut être ajusté dans le cadre d'une agriculture raisonnée.

Exercices d'entraînement

1 Le fonctionnement de l'agrosystème

Exploitation de document

Artificiellement créé par l'Homme, l'agrosystème diffère des écosystèmes naturels. Le tableau suivant fournit quelques éléments de comparaison entre les deux.

Doc.

	Agrosystème	Écosystème naturel
Productivité (biomasse produite)	15 t. $ha^{-1}.an^{-1}$	12 t. $ha^{-1}.an^{-1}$
Apport d'eau (précipitations)	900 mm soit 9 000 $m^3.ha^{-1}.an^{-1}$	
Apport d'eau (irrigation)	180 mm soit 1 800 $m^3.ha^{-1}.an^{-1}$	0
Apport de semences	0,02 t. $ha^{-1}.an^{-1}$	0
Apport d'engrais (ions minéraux)	0,84 t. $ha^{-1}.an^{-1}$	0
Récolte (exportation d'ions minéraux)	0,48 t. $ha^{-1}.an^{-1}$	0
Récolte (exportation de biomasse)	12 t. $ha^{-1}.an^{-1}$	0

QUESTIONS

1. Indiquez à partir du tableau les principales particularités d'un agrosystème par rapport à un écosystème naturel.

2. Expliquez la cause fondamentale de ces différences.

3. Indiquez si un agrosystème de type agriculture biologique se rapprocherait plus de l'agrosystème ou de l'écosystème naturel. Expliquez pourquoi.

2 Des rendements variables selon les conditions de culture

Exploitation de document

Pour déterminer l'influence de différents facteurs sur la production de maïs, on réalise des cultures expérimentales sur quatre parcelles A, B, C et D où l'on applique ou non un des facteurs testés.

Les résultats obtenus figurent dans le tableau suivant.

Doc. **Résultats de cultures expérimentales**

Conditions de culture (parcelles)	A	B	C	D
Précipitations (298 mm d'eau)	+	+	+	+
Irrigation (165 mm d'eau)	–	+	–	+
Apport azoté (100 kg/ha)	–	–	+	+
Rendements (Q/ha)	**53,7**	**70,6**	**79**	**105**

(+ Présence du facteur testé / – Absence du facteur testé)

QUESTIONS

1. Indiquez quel rôle joue la parcelle D dans cette expérience.

2. L'eau semble-t-elle un facteur important pour la culture ? Justifiez votre réponse.

3. Même question pour l'azote.

3 Érosion des sols

Exploitation de document

La recherche agronomique tente de mettre au point des méthodes de culture visant à limiter l'érosion des sols.
Pour cela, une expérience a été menée sur 4 parcelles de vigne situées en pente et donc sensibles à l'érosion.
On a appliqué le traitement suivant :
- Parcelle 1 : désherbage chimique total entre les pieds de vigne ;
- Parcelle 2 : désherbage partiel par un produit phytosanitaire ;
- Parcelle 3 : désherbage partiel par le travail du sol ;
- Parcelle 4 : mise en place d'un gazon entre les pieds de vigne.

On a ensuite, sur une durée de 3 ans, mesuré l'érosion du sol de chacune de ces parcelles.
Les résultats figurent sur le graphique suivant.

Doc. **Résultats de l'expérimentation**

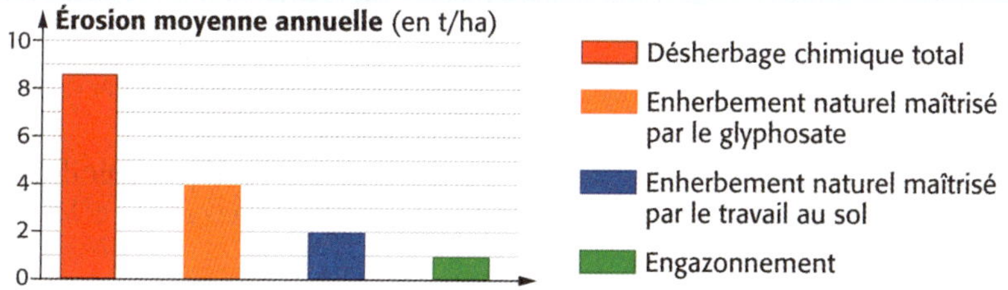

QUESTIONS

1. Comparez les résultats obtenus sur les différentes parcelles.

2. Expliquez ces résultats.

3. Recherchez quels pourraient-être les inconvénients de la méthode limitant le plus l'érosion.

4 Engrais azoté et rendement de la betterave

Exploitation de document

Pour tester l'effet d'un apport d'engrais azoté sur le rendement de la betterave sucrière, on a mesuré le rendement (t/ha) de la plante entière ainsi que le rendement en sucre, en fonction de l'apport d'azote. Les résultats figurent sur le graphique suivant.

Doc. **Réponse du rendement de la betterave sucrière à la fumure azotée**

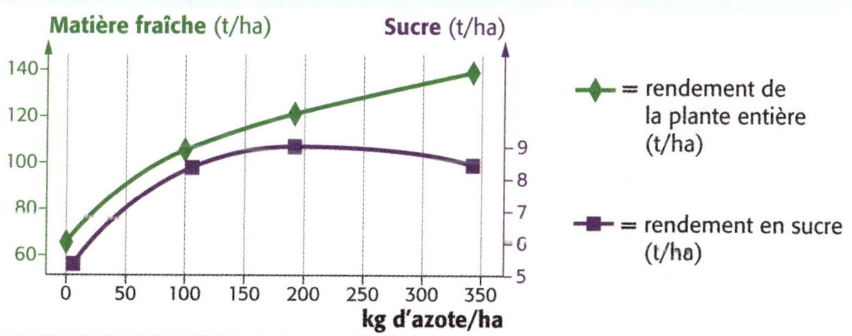

QUESTIONS

1. Indiquez comment varie le rendement de la plante entière en fonction de l'apport d'azote.

2. Quelle quantité d'azote doit apporter un agriculteur si sa culture est destinée à la production de sucre ?

3. Sachant que l'azote est un élément chimique incorporé uniquement dans les protéines, expliquez la différence de rendement pour la plante entière et le sucre.

5 Pratiques agricoles et pollution des sols

Exploitation de documents

Le chlordécone est un insecticide, très utilisé dans les Antilles françaises à partir des années 1980 contre le charançon du bananier. Interdit dès 1990, il est responsable d'une augmentation importante du nombre de cancers de la prostate aux Antilles.

QUESTION

En exploitant les documents 1 à 3, montrez en quoi le chlordécone pose un grave problème pour l'environnement et la santé humaine. Discutez de l'effet d'une des solutions de traitement des sols.

Doc. 1 Modélisation de l'évolution de la pollution d'un sol après apport de 3 kg de pesticide par hectare et par an pendant 12 ans

L'étude est réalisée pour deux pesticides, le Bêta HCH et le chlordécone.

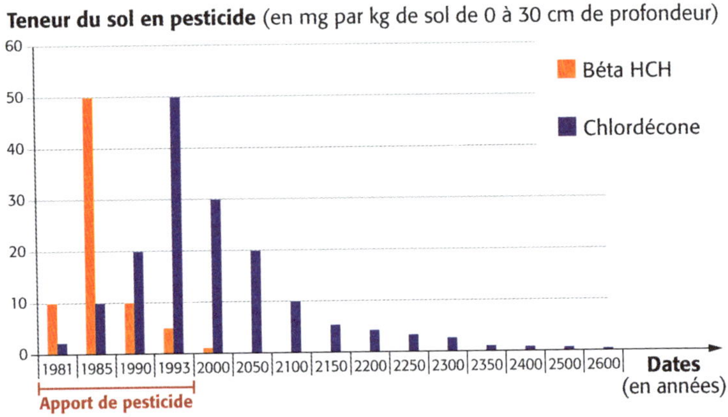

Doc. 2 Sensibilité de la production agricole au chlordécone

Pour différents types de cultures, on a déterminé la concentration maximale de chlordécone dans le sol au-dessus de laquelle le pesticide se retrouve à doses significatives dans la plante.

	Concentration maximale acceptable (en mg/kg de sol sec)
Racines et tubercules	< 0,1
Végétation à ras du sol	0,1
Arbres et plantes à port dressé	1

Remarque: la molécule de chlordécone se fixe préférentiellement sur le carbone de la matière organique. Le chlordécone est peu volatile, peu soluble dans l'eau, a une faible affinité pour l'eau et une forte affinité pour la matière organique sur laquelle il se fixe.

Doc. 3 Les effets d'un traitement

S'il n'est pas possible aujourd'hui d'éliminer le chlordécone, on se contente de limiter les effets de sa présence dans le sol. Après ajout de matière organique à un sol pollué, on a comparé la concentration du polluant dans la végétation avec celle mesurée sur les végétaux d'un sol pollué non traité.

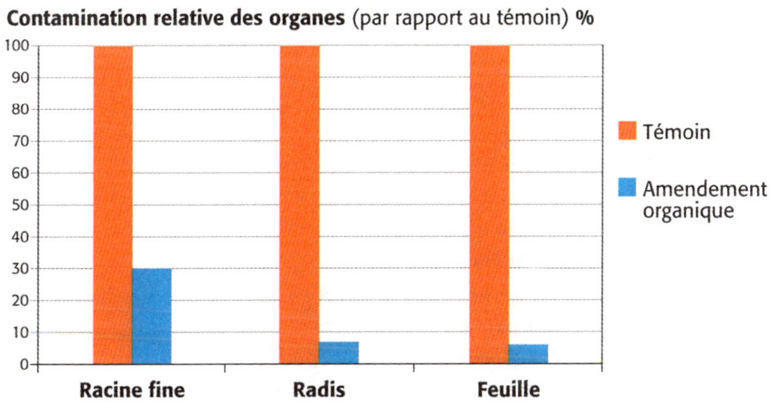

Quiz

1 **Faux**, l'agriculture biologique emploie des engrais organiques, c'est-à-dire produits à partir de restes d'êtres vivants. **2** **Faux**, les engrais sont des éléments minéraux ou organiques apportés au sol pour nourrir les végétaux. **3** **Vrai**, les éléments prélevés dans le sol par les végétaux ne lui sont pas restitués car la matière produite est exportée lors de la récolte. **4** **Faux**, c'est le rendement agricole, c'est-à-dire la masse produite par unité de surface, qui est exprimé en quintaux par hectare. **5** **Faux**, c'est le rendement énergétique ou écologique.

Vérification des connaissances

1 **a.** est vraie. Un agrosystème est déséquilibré car la matière organique produite n'est pas minéralisée dans le sol. L'apport d'engrais compense ce déséquilibre. **b.** et **c.** sont fausses. **2** **a.** est fausse. **b.** et **c.** sont vraies. **3** **a.** et **c.** sont fausses, **b.** est vraie. **4** **a.**, **b.** et **c.** sont vraies. **5** **a.** est vraie. **b.** et **c.** sont fausses, le couvert végétal protège du ruissellement et enrichit le sol en matière organique. **6** **a.** est fausse. **b.** est vraie, **c.** est fausse. La production d'une culture vivrière est destinée à l'agriculteur et sa famille. **7** **a.** est vraie : les intrants permettent d'améliorer les qualités du sol (fertilisants) et de lutter contre les ravageurs, les adventices et les maladies (produits phytosanitaires). **b.** est fausse, **c.** est vraie.

Exercices d'entraînement

1 Le fonctionnement de l'agrosystème

1. Les deux types d'écosystèmes ont une productivité équivalente (tout dépend en réalité de quel agrosystème et de quel écosystème il s'agit) mais l'agrosystème se distingue de l'écosystème naturel par des apports (engrais, eau). De plus, dans l'agrosystème, une partie de la matière produite est exportée, tandis qu'elle reste sur place dans un écosystème naturel.

2. Contrairement à l'écosystème naturel, l'agrosystème a une finalité, produire de la biomasse, destinée en particulier à l'alimentation humaine. Ainsi, sa production est exportée et par conséquent la matière organique produite n'est pas minéralisée, le cycle de la matière est interrompu. Pour ces raisons, il est nécessaire d'apporter de la matière sous forme d'engrais pour compenser les prélèvements effectués dans le sol par les végétaux cultivés.

Réflexe à avoir

Mobilisez les notions du cours !

3. Un agrosystème de type agriculture biologique à la même finalité que celle de l'agrosystème conventionnel. La seule différence porte sur la nature des produits apportés. Les engrais et les produits phytosanitaires comme les herbicides ne doivent pas être synthétisés par l'industrie mais être d'origine naturelle.

2 Des rendements variables selon les conditions de culture

1. Les trois facteurs sont présents dans la parcelle D. Son étude seule n'apporte aucune information mais permet de comparer le rendement entre D et la parcelle dans laquelle il manque un des facteurs de la culture.

2. L'eau est toujours présente dans l'agrosystème en raison de l'existence de précipitations mais sa quantité varie grâce à l'irrigation. En comparant les parcelles A et B, on constate que le rendement est supérieur de 16,9 Q/ha pour la parcelle B, c'est-à-dire celle recevant plus d'eau. L'eau est donc un facteur favorable à la production.

> **L'astuce du prof**
> Il faut toujours comparer deux parcelles qui ne se distinguent que par un seul facteur.

3. Pour mettre en évidence le rôle de l'azote, on peut comparer les parcelles B et D ou bien les parcelles A et C. Dans les deux cas, on constate que dans la parcelle avec azote, le rendement est nettement supérieur à celle sans azote. L'azote est donc un facteur favorable à la production de la culture.

3 Érosion des sols

1. L'érosion est moins importante sur la parcelle dans laquelle on a laissé pousser du gazon entre les pieds de vigne. Par contre, un sol laissé à nu (parcelle 1) favorise l'érosion. Entre ces deux extrêmes (parcelles 1 et 4), les deux autres méthodes limitent plus ou moins le phénomène.

2. La végétation, même un simple gazon, grâce à ses racines fixées dans le sol et à ses feuilles qui limitent l'impact de la pluie et du vent, crée une protection du sol et limite l'érosion.

3. Une bande de gazon entre les pieds de vigne représente une concurrence pour la plante cultivée puisque cette herbe puise de l'eau et de la matière minérale dans le sol pour se nourrir, tout comme le font les pieds de vigne.

4 Engrais azoté et rendement de la betterave

1. Le rendement augmente avec l'apport d'azote. Néanmoins, cette augmentation est moins importante à partir de 100 à 150 kilos d'azote par hectare.

> **Gagnez des points !**
> Utilisez les valeurs fournies !

2. La production en sucre augmente jusqu'à un apport de 100 kg par hectare, puis stagne ensuite. À partir de 200 kilos par hectare, elle diminue : à partir de cette valeur, l'azote en excès devient néfaste à la production en sucre. L'agriculteur doit donc fournir une quantité d'azote de 100 kg par hectare peut-être un peu plus mais l'augmentation est si faible entre 100 et 150 kg/ha que le coût de l'engrais ne justifie sans doute pas la légère augmentation du rendement.

3. L'azote permet la fabrication de protéines, donc la croissance de la plante et par conséquent la production de sucre. Mais n'étant pas utilisé directement pour la fabrication du sucre, il n'a plus d'effet sur les rendements de sucre à partir d'une certaine valeur.

5 Pratiques agricoles et pollution des sols

Introduction : Le chlordécone est un insecticide interdit en France depuis 1990 du fait de ses effets sur la santé humaine et l'environnement. On cherche à préciser les raisons de sa dangerosité et à évaluer l'efficacité d'un traitement des sols pollués.

Le **Doc. 1** montre que le chlordécone est susceptible de persister dans un sol bien longtemps (plus de 100 ans !) après qu'il ait été apporté contrairement à d'autres pesticides comme le béta HCH lequel disparaît quelques années seulement après son introduction. Dans le cas du chlordécone qui est toxique, il s'agit d'un véritable problème pour la santé humaine (augmentation du risque de cancer) et pour l'environnement.

Le **Doc. 2** permet de comprendre comment le chlordécone se retrouve dans les végétaux cultivés et donc indirectement chez l'Homme. Les plantes les plus sensibles, celles qui absorbent le plus facilement cette substance sont les racines et les tubercules, plantes enfouies dans le sol. La végétation poussant à ras du sol est moins touchée et celle des arbres et plantes aériennes, encore moins. Les informations complémentaires nous apprennent que le chlordécone est peu volatile, ce qui explique qu'on ne le retrouve pas ou peu dans les végétations aériennes.

Sa forte affinité pour la matière organique, c'est-à-dire la matière des êtres vivants, lui permet de se fixer sur les parties souterraines et ainsi de pénétrer à l'intérieur de la plante, d'où la grande sensibilité des racines et tubercules.

> **Réflexe à avoir**
> Faites le lien entre les différents documents.

Non soluble dans l'eau, le chlordécone n'est pas entraîné par lessivage et ne contamine pas les nappes d'eau souterraines mais il s'accumule dans le sol. On cherche donc à contourner le problème et à annuler ses effets. En saturant le sol

de matière organique, on espère que le chlordécone s'y fixera plutôt que sur celle des êtres vivants. Cet apport de matière organique constituerait un leurre pour le polluant.
D'après le **Doc. 3**, la méthode semble plutôt efficace si l'on compare la culture témoin à celle ayant reçu de la matière organique. Dans ce dernier cas, la contamination est nettement inférieure (jusqu'à 10 fois moins) à celle du témoin.
Conclusion: Le chlordécone est un polluant particulièrement dangereux puisqu'il se fixe sur la matière organique des êtres vivants enfouie dans le sol et contamine ainsi durablement les sols. Néanmoins, en saturant le sol de matière organique, on peut empêcher sa fixation sur les êtres vivants.

CHAPITRE 7

Procréation et sexualité humaine

1 La mise en place des appareils reproducteurs

De quoi s'agit-il ? **Les caractéristiques de chaque sexe se mettent en place par étapes successives durant la vie embryonnaire.**

1 Un déterminisme génétique du sexe

- Le sexe génétique (ou sexe chromosomique) d'un individu est établi dès la fécondation après la réunion au hasard de deux gamètes, chacun muni d'un seul chromosome sexuel X ou Y. Si la cellule-œuf qui en résulte hérite de deux chromosomes X, elle deviendra une femme. Si elle comporte un X et un Y, elle donnera un homme.
- À la sixième semaine de développement, un appareil génital, comprenant une paire de gonades indifférenciées, se met en place chez l'embryon (**Doc. 1**).
- Chez les individus XY, à la septième semaine, les gonades se différencient en testicules sous le contrôle d'un gène présent sur le chromosome Y, le gène SRY.
- Chez les individus XX, en l'absence du gène SRY, la différenciation des gonades en ovaires s'opère spontanément à la dixième semaine.

2 Un déterminisme hormonal du sexe

- Au début du développement, les gonades indifférenciées sont associées à deux paires de conduits, à l'origine des voies génitales et urinaires (**Doc. 1**).
- Chez le garçon, sous l'influence d'une hormone libérée par les testicules, la testostérone, une des paires de conduits se différencie pour former les canaux déférents, la prostate et les vésicules séminales (**Doc. 2**). C'est une autre hormone testiculaire, l'AMH, qui est responsable de la régression de la seconde paire de conduits.
- Chez la fille, une paire de conduits régresse spontanément tandis que l'autre se transforme en trompes, utérus et vagin (**Doc. 2**).
- À la naissance, les organes génitaux externes et les appareils reproducteurs sont différenciés chez les deux sexes mais ils ne deviendront fonctionnels qu'à la puberté.

Doc. 1 L'appareil génital indifférencié

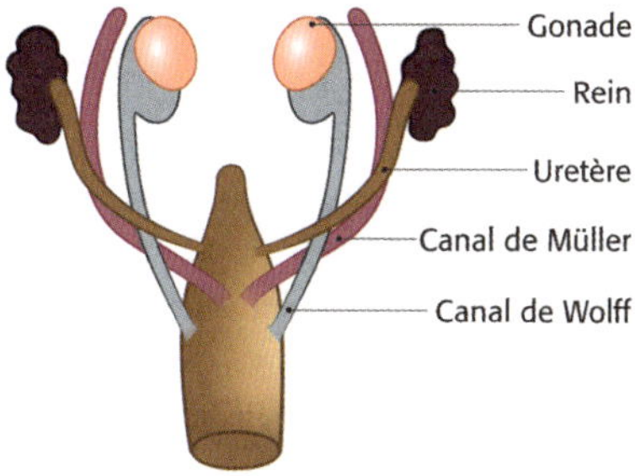

Doc. 2 L'appareil génital différencié mâle (a) et femelle (b)

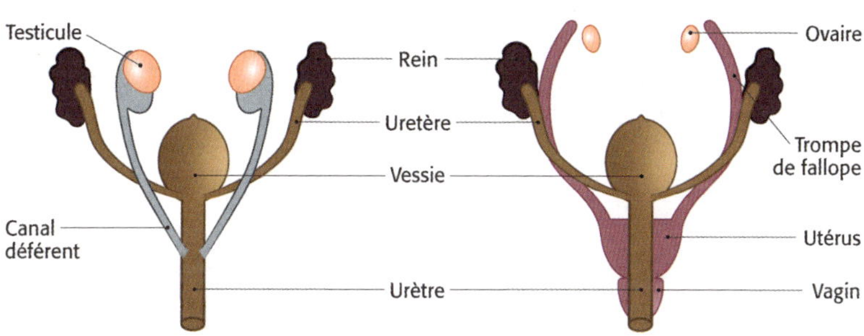

Vocabulaire

Gamètes : cellules reproductrices (spermatozoïdes chez l'homme, ovocytes chez la femme).

Chromosomes sexuels : paire de chromosomes (XX ou XY) qui détermine le sexe d'un individu.

Gonades : organes qui produisent les gamètes ainsi que les hormones sexuelles.

Indifférenciée (gonade) : qui ne présente pas de caractère mâle ou femelle.

Voies génitales : conduits empruntés par les gamètes (canaux déférents chez l'homme ; trompe, utérus, vagin chez la femme).

Hormone : messager chimique qui circule dans le sang et agit sur des organes cibles dont il modifie le fonctionnement.

2 L'acquisition d'un appareil reproducteur fonctionnel à la puberté

De quoi s'agit-il ? **Au moment de la puberté, le taux des hormones libérées par les gonades augmente fortement et l'appareil reproducteur devient fonctionnel.**

1 L'appareil reproducteur masculin

- Les testicules sont constitués d'un ensemble de tubes séminifères, entourés de tissu interstitiel (**Doc. 1**). Celui-ci renferme des vaisseaux sanguins et des cellules sécrétrices, les cellules de Leydig, qui libèrent de la testostérone.
- Au moment de la puberté, le taux de testostérone augmente fortement (**Doc. 2a**), ce qui déclenche la production de spermatozoïdes par les testicules.
- Les spermatozoïdes proviennent des divisions de cellules situées dans la paroi des tubes séminifères, réalisées de façon continue à partir de la puberté et ce durant toute la vie de l'homme. Une fois produits, les spermatozoïdes sont libérés dans les canaux déférents. Associés au liquide séminal, ils forment le sperme.
- L'élévation du taux de testostérone à la puberté est également responsable de l'acquisition de caractères sexuels secondaires : développement de la pilosité, mue de la voix, développement de la musculature… (**Doc. 2a**).

2 L'appareil reproducteur féminin

- Chez la femme, les ovaires renferment les gamètes femelles appelés ovocytes.

À la puberté, les ovaires commencent à secréter des hormones (**Doc. 2b**) et à libérer, tous les 28 jours environ, un ovocyte dans les trompes.

- Chacune des deux trompes débouche dans l'utérus, un organe dont la paroi musculaire ou myomètre est tapissée intérieurement d'une muqueuse appelée endomètre. La puberté est marquée par l'apparition des règles (ou menstruations) qui correspondent au renouvellement périodique de la muqueuse utérine.
- Ainsi, l'ovaire et l'utérus se caractérisent par une activité cyclique qui débute à la puberté et cesse à la ménopause.
- Enfin, chez la femme, la puberté se traduit par l'apparition de caractères sexuels secondaires (développement des seins, de la pilosité…) sous l'influence des hormones ovariennes (**Doc. 2b**).

Doc. 1 Schéma d'un tube séminifère (coupe transversale)

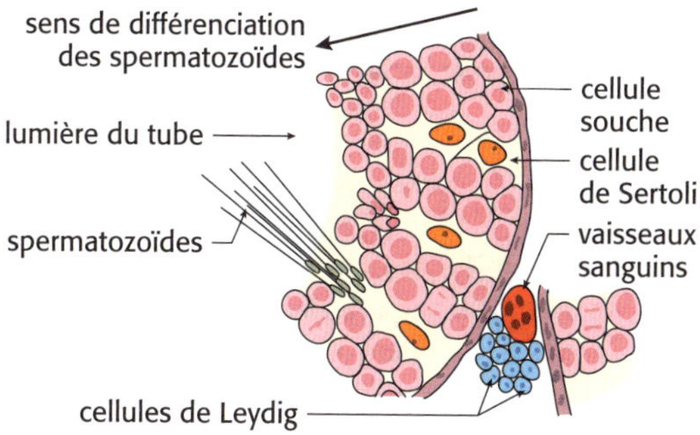

Doc. 2 Hormones et déclenchement de la puberté chez le garçon (a) et la fille (b)

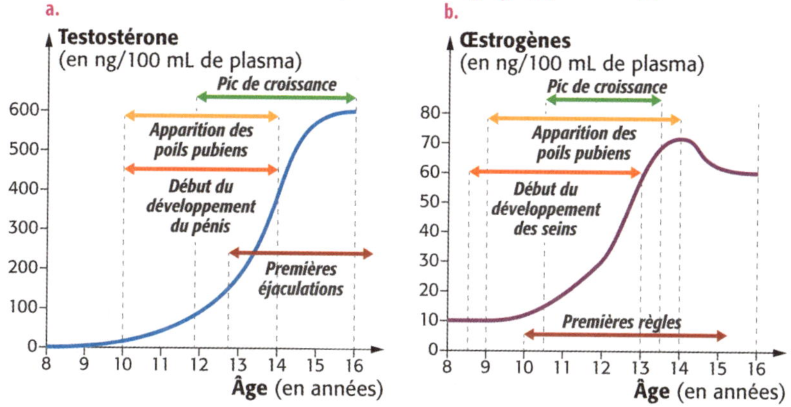

Vocabulaire

Tubes séminifères : tubes microscopiques constituant les testicules. Ils assurent la production de spermatozoïdes.

Caractères sexuels secondaires : caractères apparaissant à la puberté, différents selon le sexe de l'individu.

Muqueuse (utérine) : couche la plus superficielle de l'utérus, au contact de la cavité utérine.

Ménopause : période de la vie d'une femme à partir de laquelle les ovaires cessent leur activité.

3 Cycles ovariens et utérins

De quoi s'agit-il ? À partir de la puberté, l'ovaire et l'utérus se caractérisent par une activité cyclique dont le synchronisme est contrôlé par les hormones ovariennes.

1 Le cycle ovarien

- Les ovaires renferment des follicules, chacun constitués d'un ovocyte entouré de cellules folliculaires. À partir de la puberté, les follicules se transforment : leur taille augmente, leurs enveloppes de cellules folliculaires se différencient et se creusent d'une cavité.
- Dans l'ovaire, des cycles d'une durée moyenne de 28 jours se succèdent de la puberté jusqu'à la ménopause. Un cycle comporte deux phases, la phase folliculaire et la phase lutéale, séparées par l'ovulation (**Doc. 1**).
- Pendant la phase folliculaire, un follicule cavitaire achève sa maturation jusqu'à l'ovulation. Son ovocyte est alors expulsé de l'ovaire.
- Ensuite, durant la phase lutéale, le reste du follicule se transforme en corps jaune qui se développe puis dégénère. Toutefois, en cas de grossesse, le corps jaune se maintient et les cycles sont interrompus.

2 Le cycle utérin

- Périodiquement, la muqueuse qui tapisse l'intérieur de l'utérus se dégrade. Elle est éliminée au cours des règles qui marquent le début du cycle utérin (**Doc. 2**).
- Puis la muqueuse se reconstitue, s'épaissit et se vascularise. Après l'ovulation, ses transformations, et notamment la présence de glandes sécrétrices ramifiées la rendent apte à l'implantation d'un éventuel embryon.
- Parallèlement, au moment de l'ovulation, la glaire cervicale se fluidifie tandis que des contractions utérines facilitent la progression des spermatozoïdes. Ces contractions cessent par la suite au cours de la phase post-ovulatoire.
- Ce sont des hormones, libérées de façon cyclique par l'ovaire, qui agissent sur l'utérus et assurent le synchronisme des cycles ovariens et utérins.
- Le follicule produit des œstrogènes qui stimulent la reconstruction de la muqueuse. Puis la sécrétion d'œstrogènes et de progestérone par le corps jaune rend la muqueuse apte à la nidation et inhibe les contractions utérines. Ainsi, l'utérus est prêt à l'accueil d'un éventuel embryon dans les jours qui suivent l'ovulation.

Doc. 1 Le cycle ovarien

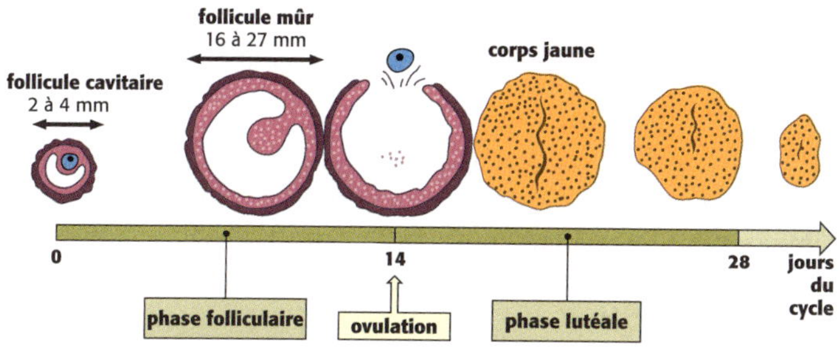

Doc. 2 Le cycle utérin

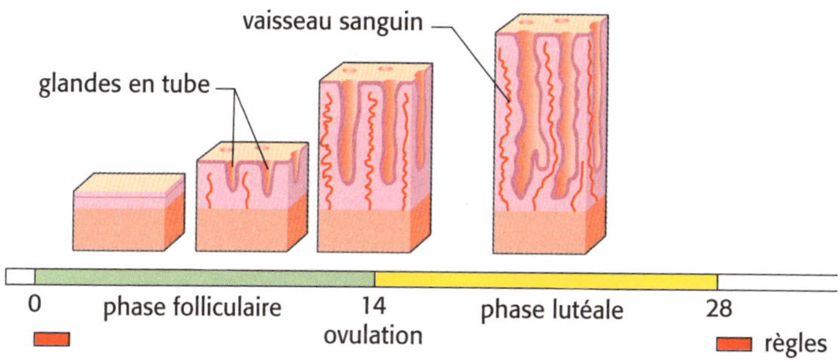

Vocabulaire

Follicule : ensemble composé d'un ovocyte et d'enveloppes formées de plusieurs couches de cellules.

Ovulation : expulsion d'un ovocyte hors de l'ovaire.

Vasculariser (se) : former des vaisseaux sanguins.

Glaire cervicale : substance visqueuse présente au niveau du col de l'utérus, la région où l'utérus communique avec le vagin. Elle empêche le passage des microbes mais aussi des spermatozoïdes, sauf lorsqu'elle est fluidifiée au moment de l'ovulation.

Nidation : implantation d'un embryon dans la muqueuse utérine.

4 Un contrôle du fonctionnement des appareils reproducteurs

De quoi s'agit-il ? **L'activité des gonades est contrôlée par le complexe hypothalamo-hypophysaire (CHH), lui-même sous le contrôle des hormones gonadiques.**

1 Le rôle du complexe hypothalamo-hypophysaire

- L'hypophyse antérieure est une glande hormonale fixée au plancher de l'encéphale. Elle contrôle à distance le fonctionnement des gonades par l'intermédiaire de deux hormones : la LH et la FSH.
- Chez l'homme, la LH stimule la production de testostérone par les cellules de Leydig, et la FSH, associée à la testostérone, active la production de spermatozoïdes.
- Chez la femme, ces deux hormones sont sécrétées de façon cyclique (**Doc.**). La FSH stimule le développement des follicules ovariens tandis que la LH stimule la production des hormones ovariennes. L'ovulation est déclenchée par une augmentation brutale du taux de LH (pic de LH).
- L'activité sécrétrice de l'hypophyse est elle-même stimulée par l'hypothalamus, situé à la base de l'encéphale. Ce contrôle s'effectue par l'intermédiaire d'une neurohormone, la GnRH. En effet, l'hypophyse est reliée aux neurones de l'hypothalamus par un réseau de vaisseaux sanguins.

2 Un contrôle du CHH par les hormones gonadiques

- Chez l'homme, le taux plasmatique de testostérone est maintenu constant car le testicule agit lui-même sur le complexe hypothalamo-hypophysaire par l'intermédiaire de la testostérone. Lorsque son taux devient trop élevé, l'activité hypothalamo-hypophysaire est freinée : on parle de rétrocontrôle négatif.
- Chez la femme, c'est une élévation du taux plasmatique d'œstrogènes, due à la croissance du follicule, qui stimule le CHH et déclenche un pic de LH à l'origine de l'ovulation.
- Durant le reste du cycle, les œstrogènes puis la progestérone freinent l'activité du CHH en exerçant un rétrocontrôle négatif.

Doc. Taux des hormones ovariennes et hypophysaires chez la femme

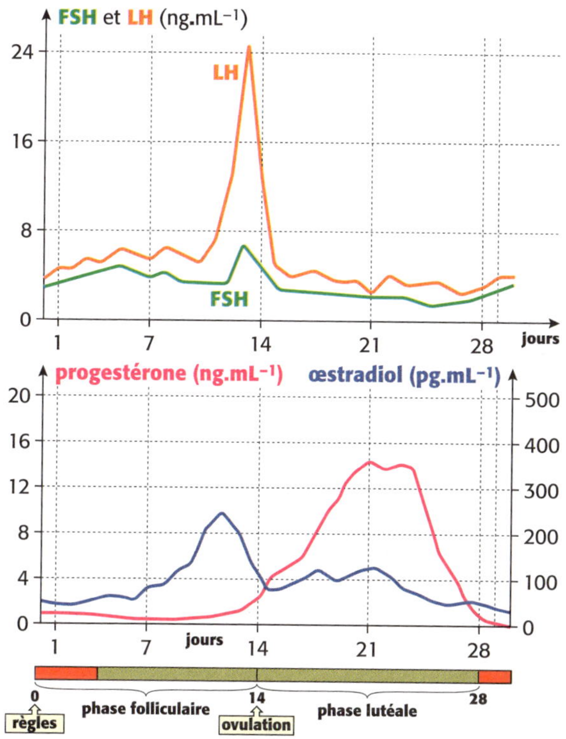

Vocabulaire

Encéphale : partie du système nerveux central contenue dans la boîte crânienne. Il comprend le cerveau, le cervelet et le tronc cérébral.

Hypothalamus : région du cerveau située à sa base.

Neurohormone : hormone produite par une cellule nerveuse.

Rétrocontrôle : action en retour d'un organe sur celui qui le contrôle. Il peut limiter son activité (rétrocontrôle négatif) ou au contraire le stimuler (rétrocontrôle positif).

5 Cerveau, plaisir et sexualité

De quoi s'agit-il ? Les relations sexuelles mettent en jeu des circuits nerveux à l'origine d'une sensation de plaisir.

1 Le système de récompense

- Une expérience réalisée en 1954 (**Doc. 1**) a permis d'identifier les zones cérébrales responsables de la sensation de plaisir. Une électrode, implantée dans le cerveau d'un Rat, délivre une stimulation indolore à l'animal lorsqu'il appuie sur une pédale placée dans sa cage.
- Quand l'électrode est implantée dans certaines zones cérébrales, le comportement de l'animal devient compulsif: il renouvelle les stimulations jusqu'à 6 000 fois par heure au point de ne plus se nourrir et il finit par mourir. Une sensation de plaisir serait donc associée à ces zones cérébrales.
- Les structures cérébrales impliquées dans cette sensation de plaisir constituent le système de récompense. Son activation génère un plaisir qui motive le sujet à rechercher et atteindre cette récompense.
- Plusieurs zones cérébrales sont impliquées dans les circuits de la récompense (**Doc. 2**). Des messages nerveux partent de l'aire tegmentale ventrale (ATV) et aboutissent à différents niveaux comme le noyau accumbens, l'amygdale ou le cortex préfrontal.

2 Les neuromédiateurs du plaisir

- Les neurones du système de récompense produisent et sécrètent un neuromédiateur particulier, la dopamine.
- Cette substance est libérée durant les rapports sexuels mais aussi au cours de tous les actes générateurs de plaisir. Les pratiquants de jeux de hasard ou les toxicomanes, victimes d'addiction, sécrètent eux aussi en abondance de la dopamine.
- En dehors de ces situations particulières, un niveau minimum de dopamine est nécessaire dans le cerveau de chaque individu, dans le cas contraire un sentiment de malaise prend naissance.
- Pendant l'orgasme, des endorphines sont libérées. Ces neuromédiateurs ont des effets semblables à la morphine et provoquent une sensation de plaisir et de bien-être.

Doc. 1 L'expérience de Olds et Milner

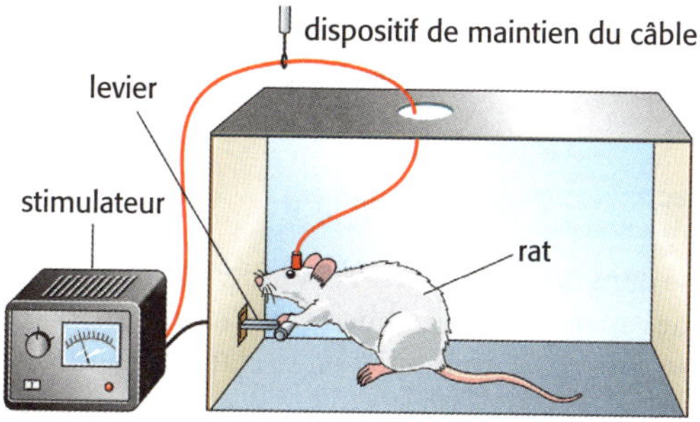

Doc. 2 Les voies principales du système de récompense

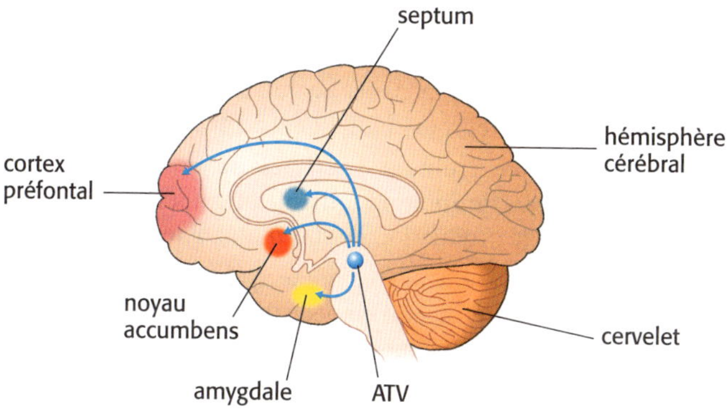

Vocabulaire

Système de récompense : ensemble de structures cérébrales impliquées dans la sensation de plaisir.

Neuromédiateur : substance chimique libérée par un neurone lui permettant de communiquer avec d'autres neurones.

Addiction : besoin incontrôlable de recourir à des produits ou pratiquer des conduites procurant du plaisir.

6 Hormones et procréation humaine

De quoi s'agit-il ? Les connaissances acquises sur la régulation du fonctionnement des appareils reproducteurs permettent des applications médicales dans la maîtrise de la procréation.

1 Le déroulement de la procréation

- Une fois expulsé dans la trompe après l'ovulation, l'ovocyte y est susceptible d'être fécondé par un des spermatozoïdes libérés dans le vagin. La cellule-œuf migrera alors vers l'utérus, tout en se divisant et en se transformant en embryon.
- Six jours après la fécondation, l'embryon se fixe à la muqueuse utérine et pénètre à l'intérieur. C'est la nidation. La gestation durera neuf mois au cours desquels un taux élevé de progestérone contrôle l'état de l'utérus et empêche ses contractions.

2 Contraception et contragestion

- Les pilules contraceptives contiennent des hormones de synthèse qui modifient le fonctionnement de l'appareil reproducteur en agissant comme des leurres.
- Certaines d'entre-elles en freinant l'activité du complexe hypothalamo-hypophysaire bloquent la maturation du follicule et empêchent l'ovulation. Chez l'homme, elles empêchent la production de spermatozoïdes.
- D'autres hormones de synthèse, en dérèglant le cycle utérin, agissent sur la glaire cervicale et sur la muqueuse utérine. En empêchant le développement de celle-ci et par conséquent l'implantation d'un embryon, elles jouent alors un rôle contragestif. C'est le cas de la « pilule du lendemain ».
- Quant au préservatif, en empêchant la rencontre des gamètes, il protège également des maladies sexuellement transmissibles comme le SIDA (voir p. 168).

3 La procréation médicalement assistée

- Les causes de l'infertilité sont nombreuses et concernent l'homme comme la femme. Chez celle-ci, l'obstruction des trompes qui empêche la rencontre des gamètes est une des causes des plus courantes.
- La FIVETE (**Doc.**) permet d'y remédier. Elle peut être complétée par l'ICSI lorsque le sperme a perdu son pouvoir fécondant : on injecte alors directement un spermatozoïde dans le cytoplasme de l'ovocyte. L'opération se déroule sous microscope, à l'aide d'une micropipette.

Doc. **La FIVETE (Fécondation In Vitro Et Transfert d'Embryon)**

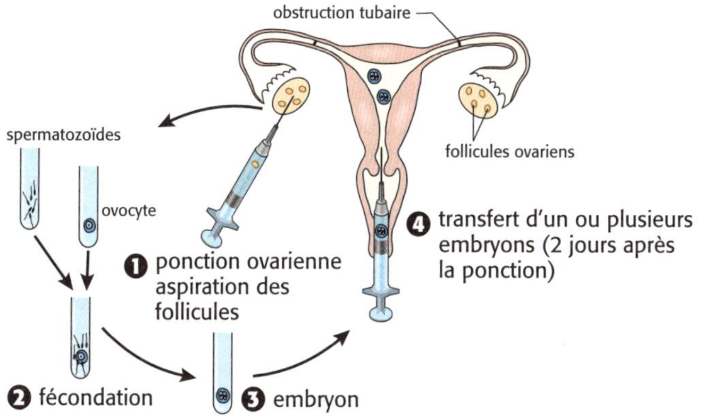

Avant de recueillir les ovocytes, on pratique une stimulation hormonale : l'administration d'analogues de la GnRH bloque la libération des hormones hypophysaires naturelles. On injecte ensuite une substance proche de la FSH qui stimule le développement des follicules ovariens. Lorsque ceux-ci sont mûrs, l'injection d'une forte dose de LH prépare l'ovulation. Avant celle-ci, on peut alors prélever les ovocytes directement dans l'ovaire.

Vocabulaire

Contraceptif : dispositif ou produit qui empêche la conception de façon réversible (à l'inverse de la stérilisation qui est définitive).

Contragestif : dispositif (comme le stérilet) ou substance qui empêche la gestation.

Infertilité : difficultés pour un couple à procréer.

ICSI : Injection Intra-Cytoplasmique de Spermatozoïde. Elle est pratiquée quand les spermatozoïdes sont peu mobiles ou incapables de traverser les enveloppes de l'ovocyte.

RÉVISION EXPRESS

LES POINTS IMPORTANTS À RETENIR

- L'homme et la femme se distinguent par des différences anatomiques et physiologiques au niveau de leurs appareils sexuels. Ceux-ci se mettent en place et acquièrent leur fonctionnalité en plusieurs étapes. Dès la fécondation, le **sexe génétique** est établi avec la formation d'une paire de **chromosomes sexuels XX** ou **XY**.
- Le **gène SRY**, présent sur le chromosome Y, est responsable de la différenciation des gonades en **testicules**, dont les **hormones** vont déterminer l'acquisition d'un appareil génital masculin. En l'absence de ces signaux, des **ovaires** puis un appareil génital féminin se différencient spontanément.
- La fonctionnalité des appareils sexuels, et notamment la production de gamètes, est acquise à la **puberté** grâce aux **hormones sexuelles**.
- L'activité ovarienne **cyclique** comporte deux phases, séparées par l'**ovulation**. Les hormones ovariennes sont responsables du synchronisme des cycles ovarien et utérin.
- Chez l'homme et la femme, l'activité des gonades est contrôlée par les hormones du **complexe hypothalamo-hypophysaire**, lui-même contrôlé en retour par les hormones gonadiques.
- Le système nerveux est impliqué dans la réalisation de la sexualité. Le plaisir repose notamment sur l'activation dans le cerveau du **système de récompense**.
- La connaissance des hormones contrôlant les fonctions de reproduction humaine a permis la mise au point de molécules de synthèse utilisées pour la maîtrise de la procréation.
- Selon les problèmes d'**infertilité**, différentes techniques médicales peuvent aider à la procréation, dont l'utilisation d'hormones pour faciliter la fécondation ou la gestation.

LES MOTS IMPORTANTS

- Sexe génétique
- Chromosomes sexuels
- Gène SRY
- Gonades
- Testicules
- Ovaires
- Testostérone
- Puberté
- Caractères sexuels secondaire
- Cycles ovarien et utérin
- Hypophyse
- Hypothalamus
- Hormones sexuelles
- Rétrocontrôle
- Système de récompense
- Contraception
- Contragestion
- Infertilité
- FIVETE

LE SCHÉMA IMPORTANT À RETENIR

Régulation du fonctionnement des appareils sexuels

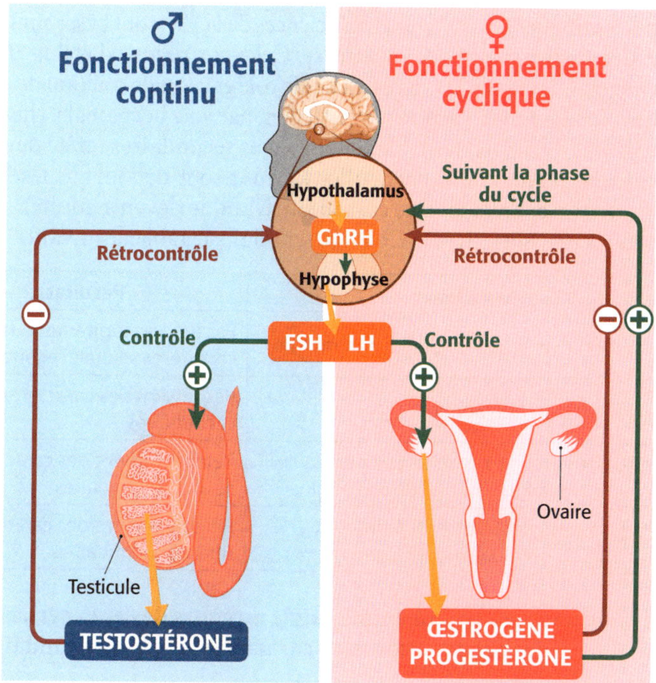

Quiz

1. La différenciation des ovaires se fait sous contrôle hormonal.
☐ Vrai ☐ Faux

2. Les règles sont déclenchées par un pic de LH.
☐ Vrai ☐ Faux

3. Citez deux hormones ovariennes.

4. À la puberté, les gonades produisent des gamètes.
☐ Vrai ☐ Faux

5. Le gène SRY est responsable de l'apparition des caractères sexuels secondaire chez l'homme.
☐ Vrai ☐ Faux

→ Réponses p. 164

Suivre une démarche expérimentale

ÉNONCÉ

Les progrès scientifiques, en particulier en Sciences de la Vie, sont basés sur la mise au point d'une démarche scientifique rigoureuse. Celle-ci a permis d'établir des protocoles expérimentaux pour mettre en évidence le rôle et le mode d'action de différents organes. Ainsi fut démontré l'action des testicules, par voie hormonale, chez le Coq. Ce dernier possède en effet des caractères sexuels secondaires (crête développée, comportement agressif, chant particulier…) dont sont dépourvus les Poules et les Chapons (mâles ayant subi une castration avant de devenir adulte).
Des expériences réalisées chez le Coq figurent dans le tableau suivant.

	Expérience	Résultats
A	Castration d'un jeune Coq encore immature	Pas de développement des caractères sexuels secondaires
B	Castration d'un Coq adulte	Régression des caractères sexuels secondaires
C	Greffe chez un Coq castré de testicules à un autre emplacement que celui d'origine	Rétablissement des caractères sexuels secondaires
D	Injection de testostérone de Taureau chez un Coq préalablement castré	Rétablissement des caractères sexuels secondaires

Expliquez la démarche expérimentale suivie au cours de ces expériences pour déterminer le mode d'acquisition des caractères sexuels secondaires chez le Coq.

MÉTHODE

- Pour résoudre un problème scientifique (un fait que l'on ne sait pas expliquer), on pratique une démarche expérimentale.
- Dans un premier temps, on formule une hypothèse (explication provisoire) pour résoudre ce problème.
- On réalise ensuite une expérience pour valider cette hypothèse tout en prévoyant son résultat dans le cadre de cette hypothèse. Par exemple, si on suppose qu'un organe intervient dans une fonction, l'ablation de cet organe empêchera la réalisation de cette fonction.

Remarque

L'ablation consiste à retirer l'organe.

• On confronte ensuite le résultat réellement obtenu au résultat attendu : s'il est identique, l'hypothèse est validée. À l'inverse, si l'hypothèse est infirmée, il faut chercher une autre explication.

CORRIGÉ

A : Hypothèse testée : les testicules contrôlent l'acquisition des caractères sexuels chez le Coq. Or, si on pratique la castration (ablation des testicules) chez un jeune Coq, les caractères sexuels secondaires n'apparaissent pas. L'hypothèse est donc validée.
B : Hypothèse testée : les testicules contrôlent le maintien des caractères sexuels chez le Coq. La castration fait régresser les caractères sexuels secondaires du Coq. L'hypothèse est donc validée.
Deux hypothèses sont possibles pour expliquer l'action à distance des testicules sur d'autres organes (crête, cerveau, etc.). Ils peuvent agir par voie nerveuse ou sanguine. En pratiquant une greffe à un emplacement différent de celui d'origine, on supprime la possibilité de rétablissement de connexions nerveuses. Seules des connexions sanguines peuvent s'établir entre le testicule et d'autres organes.
C : On suppose que le testicule communique par voie sanguine avec les organes sur lesquels il agit. Les résultats montrent que l'action du testicule est maintenue. Il agit donc par voie sanguine, c'est-à-dire par l'intermédiaire d'une hormone.
D : Hypothèse : l'hormone testiculaire responsable de l'acquisition et du maintien des caractères sexuels secondaires chez le Coq est la testostérone.
Une injection de testostérone de Taureau produit le même effet que le testicule chez un Coq castré. L'hypothèse est donc validée.

Conclusion :
Les testicules contrôlent l'acquisition des caractères sexuels secondaires chez le Coq par l'intermédiaire d'une hormone, la testostérone. Celle-ci est libérée dans le sang et atteint des organes cibles sur lesquels elle agit.

Vérification des connaissances

Pour chaque question ou affirmation, il y a entre 0 et 3 bonnes réponses.

1. La mise en place des appareils sexuels :
a. se fait en plusieurs étapes ;
b. dépend des chromosomes sexuels ;
c. fait intervenir des hormones seulement chez l'homme.

2. Chez la femme, l'activité de l'ovaire :
a. est cyclique ;
b. est contrôlée par l'hypophyse ;
c. cesse à la ménopause.

3. Les voies génitales femelles :
a. sont l'utérus, les trompes et une partie du vagin ;
b. se mettent en place sous l'influence du chromosome X ;
c. se différencient grâce au gène SRY.

4. La progestérone est :
a. une hormone testiculaire ;
b. fabriquée par le corps jaune ;
c. libérée pendant la phase folliculaire.

5. L'ovulation :
a. peut être empêchée par une pilule contraceptive ;
b. est déclenchée par un pic d'hormone hypophysaire ;
c. se produit pendant les règles.

6. Le plaisir sexuel :
a. résulte de l'activation du système de récompense ;
b. est déclenché par la libération de testostérone ;
c. est lié à la sécrétion d'endorphines dans le cerveau.

7. Des hormones de synthèse peuvent être utilisées :
a. pour empêcher une grossesse ;
b. dans les techniques d'aide à la procréation ;
c. pour lutter contre les maladies sexuellement transmissibles.

Exercices d'entraînement

1 Le synchronisme des cycles ovarien et utérin

Restitution organisée de connaissances

On a représenté sur le graphique ci-dessous, d'une part le cycle ovarien, d'autre part le cycle utérin.

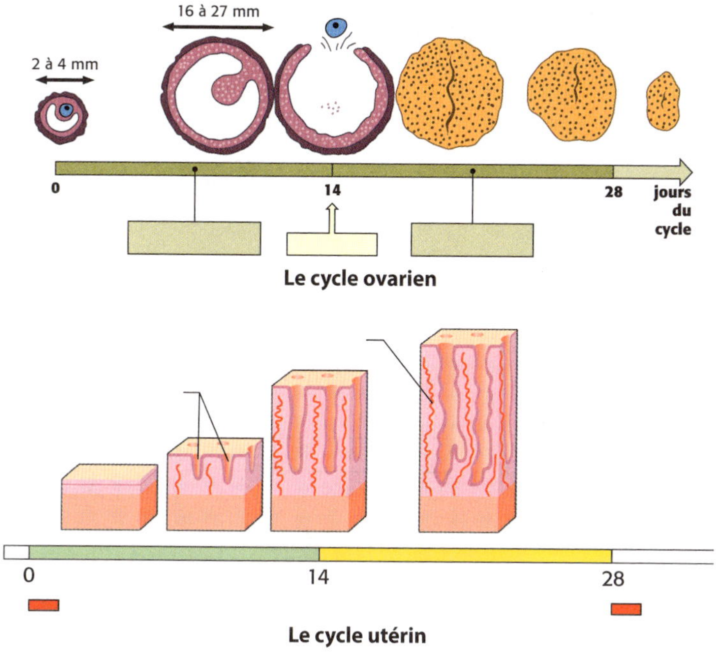

QUESTIONS

1. Complétez les légendes sur les deux schémas.
2. Montrez que le synchronisme des deux cycles est nécessaire à la procréation.
3. Expliquez comment le synchronisme entre l'ovaire et l'utérus est rendu possible.

2 Les causes de l'hypogonadisme

Exploitation de documents

On cherche à comprendre les causes de l'hypogonadisme chez l'homme, une anomalie du développement des testicules.

Doc. 1 **Des prélèvements testiculaires réalisés chez des sujets A (témoin) et B (affecté d'hypogonadisme) observés au microscope**

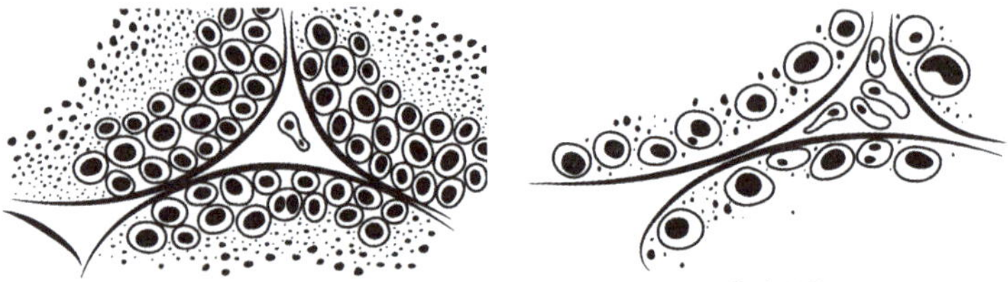

Sujet A — Sujet B

Doc. 2 **Comparaison des concentrations sanguines d'une hormone hypophysaire, la LH, ainsi que de la testostérone, chez deux sujets**

	Dosage de LH	Dosage de testostérone
Chez le sujet A	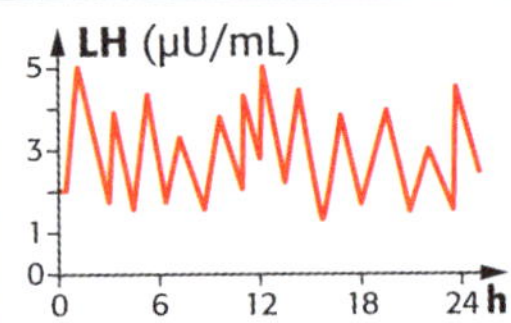	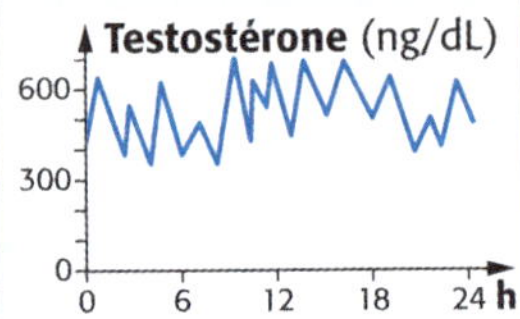
Chez le sujet B	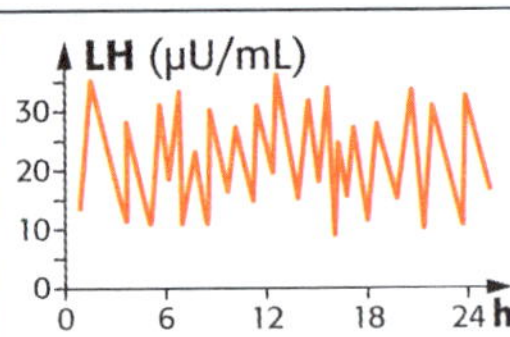	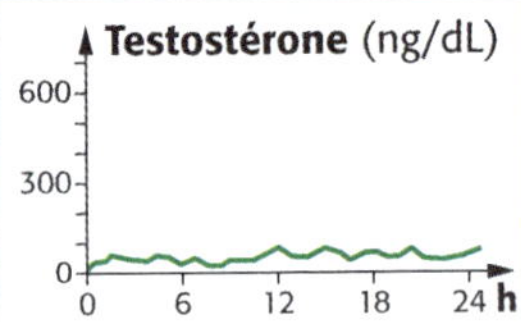

QUESTIONS

1. Comparez la structure des testicules chez les deux individus et indiquez la cause de l'hypogonadisme à l'échelle tissulaire.

2. Comparez les taux plasmatiques de testostérone chez ces deux individus, puis expliquez la conséquence observée chez les individus hypogonadiques.

3. Comparez ensuite les taux plasmatiques de LH chez les deux individus et précisez l'origine de la maladie.

4. Expliquez comment le taux plasmatique de LH du sujet hypogonadique peut être supérieur à celui de l'individu témoin.

3 Le contrôle hormonal de la différenciation du sexe

Exploitation de document

On cherche à comprendre comment, à partir d'une ébauche indifférenciée, l'appareil reproducteur se met en place chez l'embryon de sexe masculin.
On précise que chez la femelle des mammifères, seuls les canaux de Müller persisteront et se différencieront en voies génitales. À l'inverse, seuls les canaux de Wolff persisteront chez le mâle pour donner les voies génitales.
Des expériences ont été menées chez des fœtus de Lapin femelle de 28 jours : d'une part, une greffe d'un testicule d'un fœtus de même âge (a) et d'autre part, l'implantation d'un cristal de testostérone (b).
Les résultats figurent sur le document suivant.

Doc.

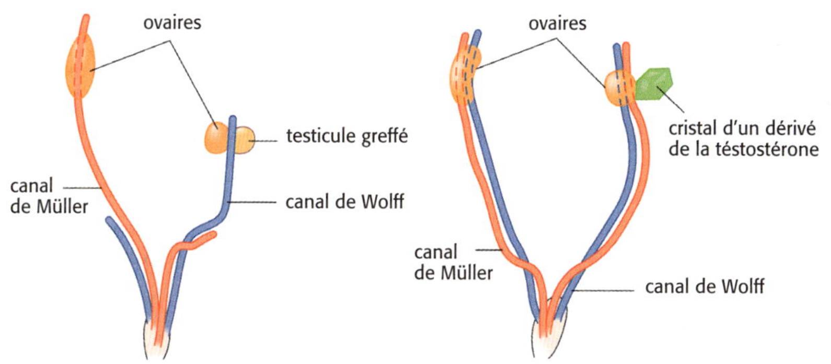

QUESTIONS

1. Comparez le devenir des conduits génitaux avec et sans testicule greffé.

2. Interprétez alors le rôle du testicule dans la différenciation de ces conduits.

3. Comparez ensuite le devenir de ces conduits en présence d'un cristal contenant de la testostérone et en son absence.

4. Expliquez alors le mode d'action du testicule sur la différenciation des conduits reproducteurs.

4 Le renouvellement de la muqueuse utérine

Exploitation de document

Pour comprendre le mécanisme à l'origine du synchronisme des cycles ovariens et utérins, on réalise la série d'expériences suivantes chez la Souris.

Doc.

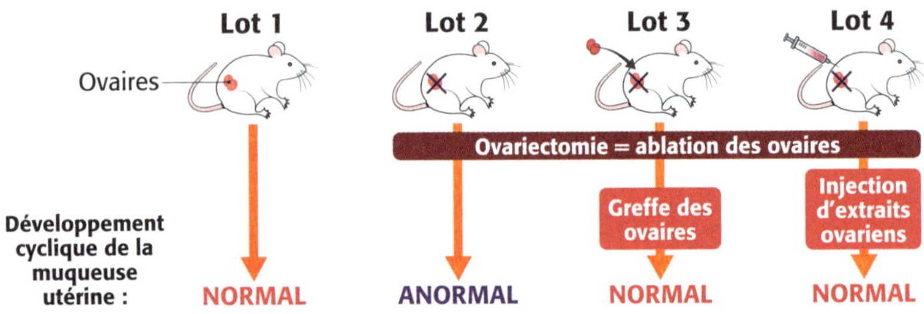

Remarque: une greffe d'organes, après ablation de cet organe, est toujours réalisée à un autre emplacement que celui d'origine.

QUESTION

Exploitez de façon méthodique les résultats de ces expériences pour expliquer le synchronisme des cycles ovariens et utérins.

5 Les effets d'une pilule contraceptive

Exploitation de document

Chez une femme prenant une pilule à base d'œstrogènes et de progestérone, on mesure le taux plasmatique de ses hormones ovariennes naturelles avant et après la prise de la pilule, ainsi que le taux des hormones hypophysaires.

Doc. **Dosages hormonaux avant et après la prise de pilule**

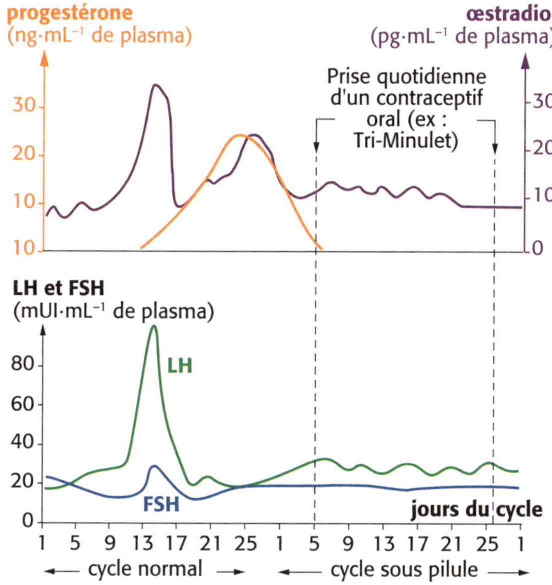

QUESTIONS

1. Indiquez l'effet de la prise de pilule sur les taux de LH et FSH.

2. Expliquez alors l'effet contraceptif de cette pilule.

3. Expliquez par quel mécanisme cette pilule peut modifier les taux des hormones hypophysaires.

Quiz

1 **Faux**, elle s'effectue spontanément en absence du gène SRY. **2** **Faux**, c'est l'ovulation qui est déclenchée par le pic de LH au milieu du cycle. **3** L'œstradiol (œstrogène) et la progestérone sont des hormones ovariennes. **4** **Vrai**. **5** **Faux**, le gène SRY est responsable de la différenciation des testicules; les caractères sexuels secondaires masculins apparaissent à la suite d'une élévation du taux de testostérone à la puberté.

Vérification des connaissances

1 **a.**, **b.** et **c.** sont vraies.

2 **a.**, **b.** et **c.** sont vraies.

3 **a.** est vraie. **b.** et **c.** sont fausses, les voies génitales femelles se différencient spontanément en absence de tout signal (expression d'un gène ou hormone).

4 **a.** est fausse, c'est une hormone ovarienne. **b.** est vraie. **c.** est fausse, la progestérone est libérée pendant la phase lutéale.

5 **a.** et **b.** sont vraies. **c.** est fausse, les règles ont lieu durant les premiers jours du cycle et l'ovulation se produit environ au milieu du cycle.

6 **a.** est vraie. **b.** est fausse, le plaisir sexuel est lié à la libération de neuromédiateurs comme la dopamine ou les endorphines. **c.** est vraie.

7 **a.** et **b.** sont vraies. **c.** est fausse, seul le préservatif protège des MST.

Exercices d'entrainement

1 Le synchronisme des cycles ovarien et utérin

1. **Le cycle ovarien**

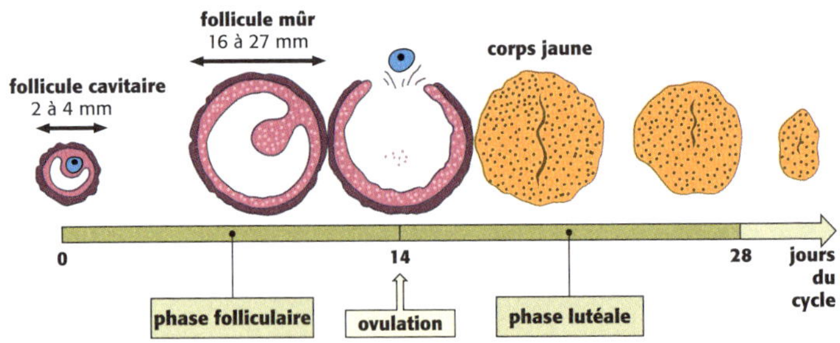

Le cycle utérin

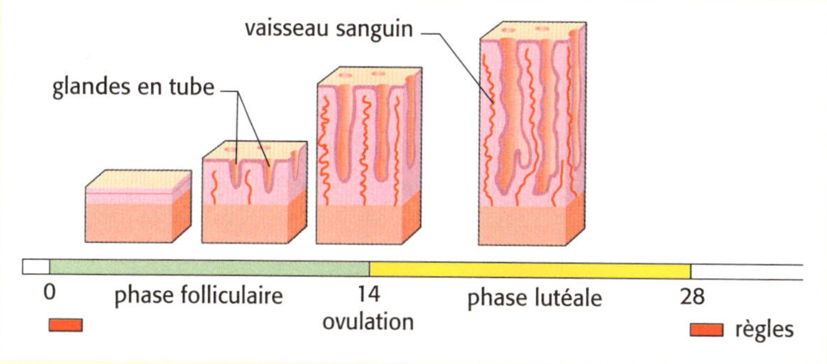

2. Un cycle ovarien est marqué par l'ovulation, l'expulsion d'un ovocyte hors de l'ovaire. Dans la trompe, l'ovocyte peut être fécondé par un spermatozoïde. Dans ce cas, il se forme une cellule-œuf puis un embryon qui migre en direction de l'utérus pour s'implanter dans la muqueuse utérine au bout de 7 jours.
Au cours d'un cycle utérin, la muqueuse se renouvelle : progressivement, elle s'épaissit, se vascularise et se creuse de glandes nutritives avant d'être à nouveau détruite.
Le synchronisme des deux cycles favorise la réussite de la procréation car il permet à la muqueuse utérine d'être apte à la nidation à une période où un embryon est susceptible de s'implanter, c'est-à-dire quelques jours après l'ovulation.

3. Ce sont les hormones ovariennes qui permettent l'évolution synchrone de l'utérus et de l'ovaire.
Le follicule en croissance durant la phase folliculaire sécrète de plus en plus d'œstrogènes, lesquels stimulent l'épaississement de la muqueuse utérine. Après l'ovulation, les hormones secrétées par le corps jaune (œstrogènes et progestérone) stimulent le développement des vaisseaux sanguins et des glandes nutritives nécessaires à la survie de l'embryon une fois implanté.

2 Les causes de l'hypogonadisme

1. Chez l'individu hypogonadique, la paroi des tubes séminifère n'est formée que d'une couche de cellules. Chez un individu normal, la paroi est plus épaisse et formée de plusieurs couches de cellules. Celles-ci seront à l'origine des spermatozoïdes. La petite taille des testicules dans le cas de l'hypogonadisme est donc due à un nombre insuffisant de cellules au niveau de

L'astuce du prof

Le taux plasmatique correspond à la concentration de l'hormone dans le sang.

la paroi des tubes séminifères, et donc à l'absence de production de spermatozoïdes.

2. Le taux plasmatique de testostérone est quasiment nul chez l'individu hypogonadique alors qu'il fluctue entre 400 et 600 ng/dL chez le témoin. C'est donc le taux insuffisant de testostérone qui empêche la production de spermatozoïdes, celle-ci étant normalement stimulée par la testostérone.

3. La sécrétion de LH est présente chez les deux individus mais avec un taux plus élevé chez l'individu hypogonadique. Or la LH stimule normalement les cellules interstitielles productrices de testostérone. Tout se passe comme si ces dernières étaient insensibles à la LH.

4. La testostérone exerce normalement une action inhibitrice sur l'axe hypothalamo-hypophysaire, ce qui limite la production de LH. Lorsque la testostérone est présente en très faible quantité, cette action inhibitrice est faible et l'hypophyse produit de la LH en grande quantité.

3 Le contrôle hormonal de la différenciation du sexe

1. Du côté du testicule greffé, seul le canal de Wolff persiste tandis que le canal de Müller est régressé. C'est l'inverse du côté opposé à celui de la greffe.

2. Le testicule greffé a donc provoqué la différenciation des voies génitales dans le sens masculin. Cette action est locale puisqu'elle s'exerce uniquement du côté de la greffe. Le testicule agit donc en libérant une substance chimique responsable de ces transformations : il agit donc par le biais d'une hormone.

3. L'implantation d'un cristal de testostérone chez un embryon génétiquement féminin provoque la différenciation de voies génitales masculines (développement des canaux de Wolff) mais reste sans effet sur les canaux de Müller.

> **Réflexe à avoir**
> Il faut comparer les résultats des deux expériences !

4. On peut donc en déduire que c'est grâce à la testostérone que le testicule provoque le développement des canaux de Wolff. En revanche, celle-ci n'a pas d'effet sur la régression des canaux de Müller. Une autre hormone testiculaire (l'AMH) est responsable de leur régression.

> **L'astuce du prof**
> Une greffe réalisée à un emplacement différent empêche le rétablissement des connexions nerveuses avec l'organe greffé.

4 Le renouvellement de la muqueuse utérine

Les Souris appartenant au lot 1 ne subissent aucune transformation. Elles constituent le lot témoin, permettant de faire une comparaison avec les autres lots. Chez les Souris du lot 2, l'ablation des ovaires provoque un développement anormal de la muqueuse

utérine. On peut donc en conclure que les ovaires contrôlent le développement normal de la muqueuse utérine.
Chez les Souris du lot 3, la muqueuse utérine retrouve un développement cyclique après une greffe d'ovaire. Or une greffe rétablit des connexions sanguines (nécessaires à la survie de l'organe). On peut donc en déduire que l'ovaire contrôle le développement de la muqueuse utérine par l'intermédiaire de substances libérées dans le sang, c'est-à-dire des hormones.
Les résultats observés chez le lot 4 confirment cette conclusion. En effet, l'injection d'extraits ovariens a le même effet sur la muqueuse utérine que la greffe d'ovaires. Or ces extraits ovariens ne contiennent que des substances produites par l'ovaire. Ainsi, les ovaires agissent sur la muqueuse utérine par l'intermédiaire d'hormones ovariennes qu'ils libèrent dans le sang.

5 Les effets d'une pilule contraceptive

1. Les taux de LH et de FSH sont plus faibles qu'en absence de pilule. De plus, ils restent constants, on n'observe pas de pic de LH.

2. Le faible taux de FSH n'est pas suffisant pour stimuler le développement folliculaire ; l'absence du pic de LH empêche le déclenchement de l'ovulation.

3. Les hormones de synthèses administrées avec la pilule agissent comme un leurre pour le complexe hypothalamo-hypophysaire (CHH).
Elles miment l'effet des hormones naturelles pendant le début et la seconde moitié du cycle en exerçant un rétrocontrôle négatif qui freine l'activité du CHH et diminue les taux plasmatiques des hormones hypophysaires.

CHAPITRE 8

Micro-organismes et santé

1 Des agents pathogènes à l'origine de maladies

De quoi s'agit-il ? De nombreux microbes vivent dans notre environnement. Certains provoquent des maladies infectieuses : ce sont des pathogènes.

1 Une grande variété de pathogènes

- Les agents pathogènes, à l'origine de maladies infectieuses, vivent aux dépens d'un autre organisme dont ils détournent les ressources. Les préjudices causés à cet hôte se manifestent sous forme de symptômes (fièvre, douleur…) ou de troubles graves (problèmes cardiaques ou respiratoires).
- Les principaux pathogènes sont les bactéries et les virus dont le pouvoir de multiplication élevé favorise l'invasion de l'organisme. Quelques eucaryotes (champignons, protozoaires) sont également responsables de maladies.
- Une maladie infectieuse peut exister à l'état endémique (paludisme), mais elle peut aussi apparaître sous forme d'épidémie (grippe). Certaines sont présentes à l'échelle du globe : ce sont des pandémies (SIDA).

2 Le SIDA, une maladie sexuellement transmissible

- Le SIDA est une maladie causée par un virus, le VIH qui se transmet d'un sujet à l'autre par contact sexuel, par voie sanguine ou de la mère à l'enfant (**Doc. 1**).
- Le VIH colonise les lymphocytes (cellules du système immunitaire) et s'y multiplie en les détruisant (**Doc. 2**). Peu à peu l'organisme devient incapable de se défendre et des maladies opportunistes se déclarent, pouvant entraîner la mort.
- Après la pénétration du virus, l'organisme produit des anticorps spécifiques qui peuvent être détectés dans le sang. Le sujet infecté est alors dit séropositif.
- Malgré l'action des anticorps, le virus continue à se propager dans l'organisme, et peu à peu le système de défense s'affaiblit.
- Des traitements permettent de contenir l'action du virus mais pas de guérir du SIDA. L'utilisation de trois antiviraux à la fois (trithérapie) accroît leur efficacité.

Doc. 1 Mode de transmission du SIDA

Voie sexuelle
- Liquide séminal
- Sperme
- Sécrétions cervico-vaginales

Voie sanguine
- Drogues
- Transfusions sanguines
- Accidents d'exposition au sang (AES)

Mère à enfant
- In utero :
  - 1/3 avant accouchement
  - 2/3 pendant accouchement
- Allaitement
- En l'absence de traitement 20 % transmission de la mère à l'enfant par VIH-1

Doc. 2 Le cycle du virus de l'immunodéficience humaine

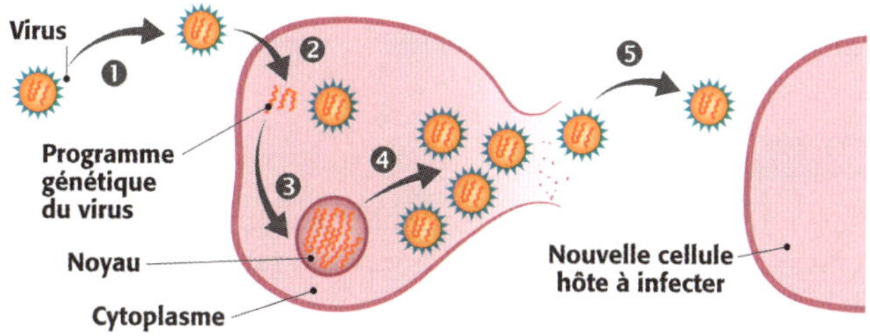

❶ Fixation sur la cellule cible
❷ Entrée du virus
❸ Copie du matériel génétique
❹ Production de nouveaux virus
❺ Éclatement de la cellule et sortie

Vocabulaire

Agent pathogène : facteur capable de provoquer une maladie.

Symptômes : manifestations d'une maladie.

Virus : agent infectieux se multipliant à l'intérieur d'une cellule, après avoir inséré son matériel génétique.

Endémique (maladie) : qui sévit de manière persistante dans une région.

Épidémie : augmentation rapide du nombre de cas d'une maladie en un lieu donné.

SIDA (Syndrome d'Immuno-Déficience Acquise) : maladie du système immunitaire provoquée par le VIH (Virus de l'Immuno-déficience Humaine).

Opportunistes (maladies) : maladies qui se déclarent quand l'organisme est affaibli.

2 Une maladie vectorielle, le paludisme

De quoi s'agit-il ? **Le paludisme est une maladie infectieuse répandue dans les régions tropicales et intertropicales. Elle est transmise par un vecteur, l'Anophèle.**

1 Le paludisme, une maladie parasitaire

- La maladie se caractérise par des accès périodiques de fièvre et des atteintes neurologiques (coma, convulsions) parfois mortelles.
- L'agent infectieux est un micro-organisme animal, un Protozoaire, le Plasmodium. Après avoir séjourné dans le foie, le parasite pénètre dans les hématies où il se nourrit de l'hémoglobine. Il grossit puis se multiplie jusqu'à l'éclatement de l'hématie, qui libère alors une vingtaine de parasites. Ceux-ci s'installent alors dans de nouvelles hématies.
- Ainsi, l'infection se propage dans le sang du malade et atteint des organes comme le cerveau. Après plusieurs cycles de multiplication, les cellules libérées par les hématies se transforment en futurs gamètes.

2 Un vecteur, l'Anophèle

- Le parasite est transmis à l'Homme par l'intermédiaire d'un vecteur. Il s'agit d'un Moustique, l'Anophèle, dont la femelle se nourrit de sang. Lorsqu'une femelle pique un individu infecté, elle ingère avec le sang les futurs gamètes du Plasmodium. La fécondation, réalisée dans l'estomac du Moustique, aboutit à la formation d'une cellule-œuf qui se multiplie et produit de nombreuses spores.
- Celles-ci migrent dans les glandes salivaires du Moustique, prêtes à être injectées au cours de la prochaine piqûre.
- Ainsi, le parasite réalise son cycle de vie chez deux hôtes, l'Homme chez qui il se multiplie et le Moustique chez qui il se reproduit (**Doc.**).

3 Une maladie endémique

- Dans les zones tropicales et intertropicales, le climat chaud et humide favorise la reproduction des Moustiques. En effet, l'eau est nécessaire au développement de leurs larves aquatiques. Par ailleurs, la température élevée accélère leur cycle de développement.
- Les Hommes infectés sont des réservoirs de parasites, favorisant la transmission de la maladie.

Doc. Le cycle du Plasmodium dans l'Homme (1, 2, 3) et dans l'Anophèle (4, 5, 6)

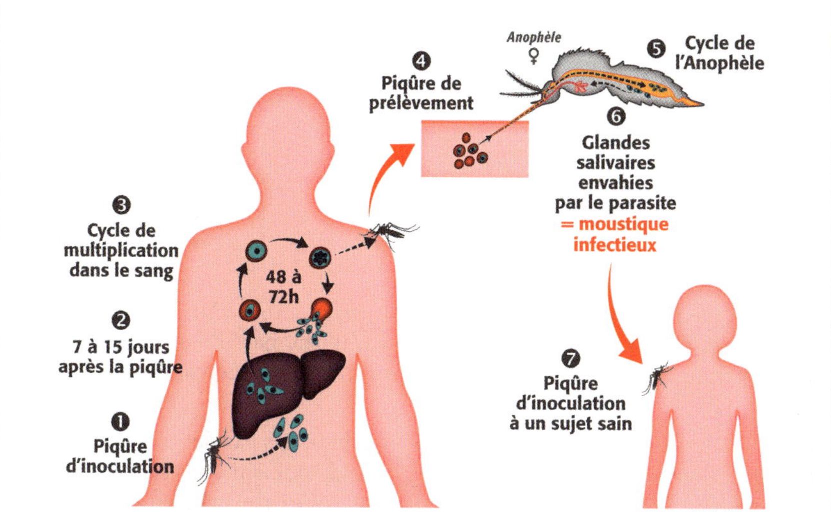

Vocabulaire

Protozoaires : groupe d'animaux unicellulaires.

Parasite : organisme vivant aux dépens d'un autre organisme.

Hématie : cellule sanguine appelée aussi globule rouge.

Vecteur : agent de transmission.

Spores : cellules à rôle de dispersion.

Larve : forme d'un animal qui, à la sortie de l'œuf, est différente de l'adulte.

3 Des méthodes pour lutter contre le paludisme

De quoi s'agit-il ? **Pour lutter contre le paludisme, maladie la plus répandue au monde, on tente de limiter la propagation de l'agent infectieux et d'éliminer le vecteur.**

1 Limiter la propagation

- Dans les zones endémiques du paludisme, des mesures de prophylaxie sont mises en place, par exemple l'utilisation de moustiquaires et de produits répulsifs afin d'éviter la piqûre de l'Anophèle.
- L'éradication du vecteur par des insecticides comme le DDT a été concluante pendant un temps mais les problèmes liés, d'une part à l'environnement, et d'autre part à la résistance du Moustique, ont conduit à chercher d'autres moyens de lutte.
- Il semble plus facile d'éradiquer les larves aquatiques par des travaux d'assèchement des zones marécageuses, par la lutte biologique qui consiste par exemple à placer des poissons mangeurs de larves dans les milieux où celles-ci se développent. On disperse aussi des mâles Anophèles stériles dans la nature afin qu'ils entrent en compétition pour les femelles avec les mâles fertiles.

2 Dépistage et traitement des sujets infectés

- Chaque personne infectée constitue un réservoir à Plasmodium, source de propagation du parasite, qu'il est utile de repérer.
- Les premiers symptômes d'une infection se manifestent par une poussée de fièvre à plus de 40 °C, laquelle correspond à la multiplication du Plasmodium à l'intérieur des hématies, des frissons, puis des sueurs abondantes.
- L'examen au microscope optique d'un frottis sanguin (**Doc. 1**) est la méthode la plus fiable pour détecter la présence du parasite. On utilise aussi des tests de détection rapide d'antigènes.
- Pendant plusieurs décennies, des médicaments comme la chloroquine ont été utilisés avec succès, mais l'apparition de souches mutées de Plasmodium résistantes les ont rendus moins efficaces (**Doc. 2**).
- Des nouvelles voies sont explorées dans la recherche de médicaments. Un premier vaccin, peu efficace, a été fabriqué en 1986, remplacé par d'autres depuis, plus performants mais qui demandent encore à être améliorés. La difficulté est que le Plasmodium peut muter de nombreuses fois à l'intérieur des hématies, tromper le système immunitaire et rendre le vaccin inefficace.

Doc. 1 **Hématies parasitées par le Plasmodium**

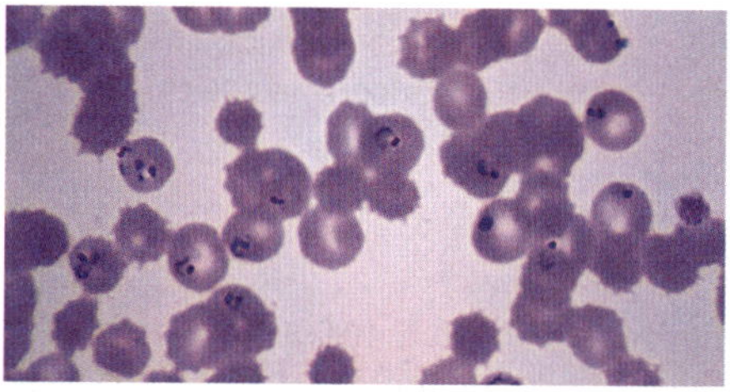

Dans ce frottis sanguin, le parasite est visible à l'intérieur des hématies.

Doc. 2 **Des formes de Plasmodium résistantes dans les zones endémiques**

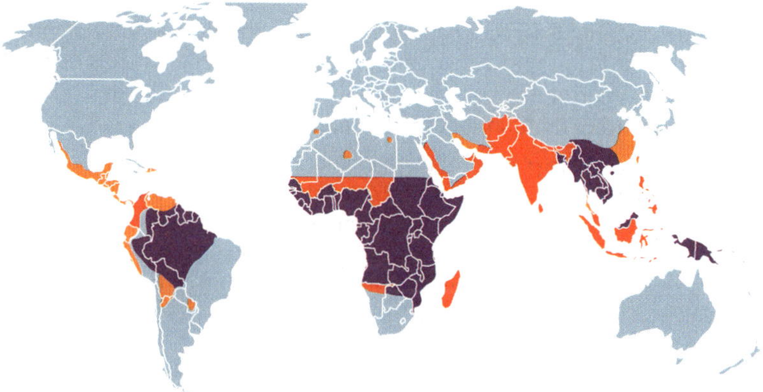

Régions du monde où le paludisme est endémique

- Prévalence élevée de la chloriquino-résistance ou multi-résistance
- Chloriquino-résistance présente
- Pas de *Plasmodium falciparum* ou de chloriquino-résistance
- Pas de paludisme

Vocabulaire

Prophylaxie : mesures de protection permettant de prévenir l'apparition, la propagation ou l'aggravation d'une maladie.

Produit répulsif : substance faisant fuir de façon plus ou moins spécifique une espèce.

Résistance : état d'un organisme qui rend inefficace un moyen de lutte utilisé à son encontre.

Réservoir : espèce qui participe au cycle de développement d'un pathogène.

Antigène : molécule spécifique d'un agent pathogène. Elle est détectée par le système immunitaire de la personne infectée.

4 Le microbiote humain, des microbes en symbiose avec l'Homme

De quoi s'agit-il ? Notre organisme héberge un grand nombre de micro-organismes non pathogènes. Ceux-ci constituent le microbiote, lequel assure des fonctions variées.

1 Une diversité microbienne

- Le microbiote humain est composé de 30 000 à 40 000 milliards de micro-organismes, soit un nombre équivalent à celui de nos cellules. Il s'agit principalement de bactéries, réparties en 200 à 250 espèces différentes.
- La plupart de ces micro-organismes vivent dans l'intestin (**Doc.**), mais aussi sur la peau et les muqueuses (bouche, appareil génital).
- Bien qu'une centaine d'espèces bactériennes soit commune à tous, la composition du microbiote est propre à chaque individu. Elle dépend à la fois de facteurs génétiques et de l'environnement, en particulier de l'alimentation de l'hôte et des médicaments absorbés (antibiotiques notamment).
- Le microbiote se met en place progressivement. Dans l'utérus, le fœtus est totalement dépourvu de micro-organismes. La construction de son microbiote débute à l'accouchement, par transmission des micro-organismes maternels, puis se poursuit pendant les quelques jours qui suivent, notamment par l'allaitement, jusqu'à ce que le nombre de micro-organismes deviennent en quelques jours comparable à celui de l'adulte. Néanmoins, c'est seulement après trois ans que leur diversité sera similaire.

2 Une association à bénéfices réciproques

- Le microbiote, celui de la peau comme celui des muqueuses, entre en compétition avec des micro-organismes potentiellement pathogènes et limite leur prolifération. Il peut aussi les éliminer en sécrétant des substances bactéricides.
- Néanmoins, certains micro-organismes normalement bénins du microbiote peuvent devenir pathogènes pour l'organisme notamment en cas d'affaiblissement du système immunitaire. De même, un traitement antibiotique en altérant le microbiote peut favoriser la prolifération de pathogènes.
- Dans l'intestin, le microbiote participe à la digestion et agirait aussi sur le fonctionnement et le développement du cerveau humain.
- Le microbiote quant à lui profite aussi de son hôte. Ce dernier lui offre habitat et nourriture : cellules mortes, sécrétions du corps ou aliments ingérés. Entre l'organisme et son microbiote s'établit ainsi une relation à bénéfices réciproques ou symbiose.

Doc. Le microbiote humain

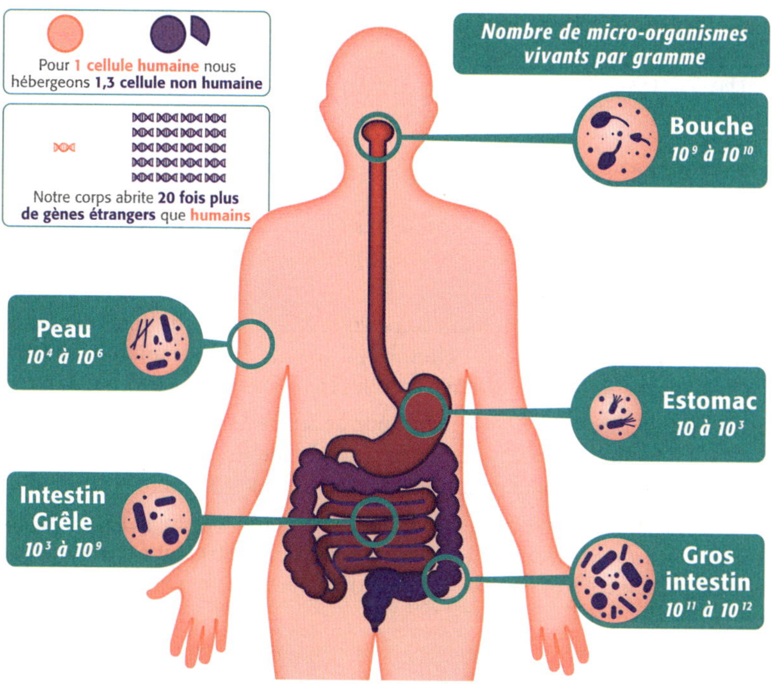

Vocabulaire

Microbiote : ensemble des micro-organismes vivant dans un environnement particulier chez un hôte, l'Homme (ou un animal ou un végétal).

Muqueuse : tissu qui tapisse intérieurement les organes creux du corps (tube digestif, appareil respiratoire, vagin…).

Bactéricide : substance qui détruit les bactéries.

Symbiose : association obligatoire et à bénéfices réciproques entre deux organismes.

5 Microbiote intestinal et santé

De quoi s'agit-il ? Les interactions entre hôte et microbiote jouent un rôle essentiel pour le maintien de la santé et du bien-être de l'hôte. La composition en micro-organismes et la diversité du microbiote sont des indicateurs de santé.

1 Un rôle dans la digestion

- Les bactéries du microbiote sont présentes sur toute la longueur du tube digestif mais particulièrement concentrées dans la partie terminale de l'intestin (colon et rectum).
- Elles sont capables, contrairement aux enzymes digestives, de dégrader les fibres alimentaires non digestibles par l'Homme lui-même. Ainsi, le microbiote favorise la prise de poids et offre un avantage dans les cas de restrictions alimentaires.
- En effet, une comparaison entre un groupe de Souris dépourvues expérimentalement de microbiote et un groupe de Souris témoin a montré que ces dernières avaient 60 % de masse grasse supplémentaire, tout en consommant moins d'aliments.
- Par ailleurs, les bactéries du microbiote favorisent le développement du réseau sanguin autour de l'intestin (et donc l'absorption intestinale) et produisent des composés (vitamines K, B8 et B12…) qui contribuent au bon état de la muqueuse intestinale.
- Chez les individus obèses, un microbiote spécifique, très efficace dans la digestion, favoriserait de plus le stockage de graisse. D'ailleurs, le transfert du microbiote de souris obèses à des souris maigres rend ces dernières obèses.

2 Un rôle dans l'immunité

- Le microbiote joue un rôle essentiel dans le développement et la maturation du système immunitaire intestinal. Il protège de réactions inflammatoires, notamment en limitant le développement de certaines bactéries.
- En effet, ces dernières libèrent des substances qui altèrent l'intégrité de la barrière intestinale, passent dans le sang et déclenchent l'inflammation.

Ainsi, certaines maladies inflammatoires intestinales s'expliqueraient en partie par une perturbation du microbiote.

- Des perspectives de traitements par modulation du microbiote sont envisagées dans le cas de certaines maladies.

Doc. Les rôles du microbiote intestinal

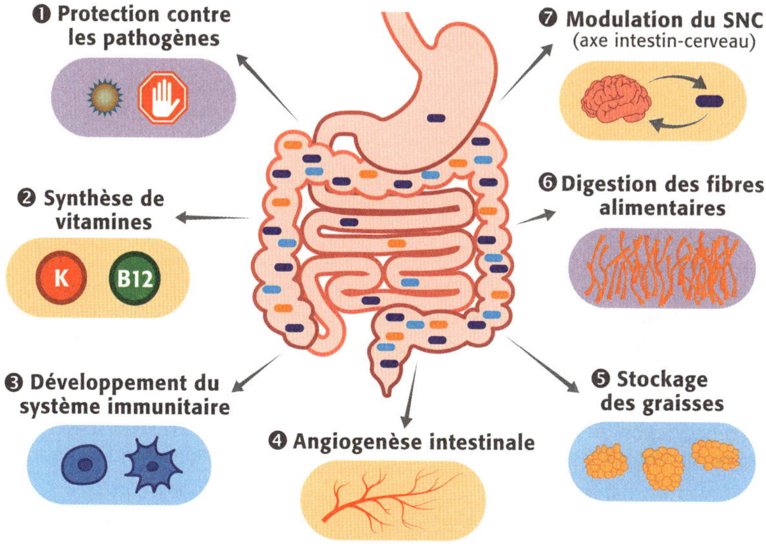

SNC : système nerveux central **Angiogenèse :** mise en place de vaisseaux sanguins

Vocabulaire

Enzyme digestive : substance sécrétée par l'appareil digestif qui découpe (simplifie) les molécules de grande taille des aliments.

Fibres alimentaires : molécules de grande taille contenues dans les végétaux.

Inflammatoire (réaction) : réaction de défense du système immunitaire à une agression externe.

RÉVISION EXPRESS

LES POINTS IMPORTANTS À RETENIR

- Des micro-organismes, virus, bactéries et protozoaires sont à l'origine de maladies **infectieuses**. Ils détournent les ressources de leur hôte et se multiplient, pouvant même détruire ses cellules.
- Le virus VIH (Virus de l'Immunodéficience Humaine) déclenche une maladie, le SIDA, en se multipliant dans les cellules du **système immunitaire** et en les détruisant.
- Le **paludisme** est une maladie causée par le Plasmodium. Ce Protozoaire se nourrit de l'hémoglobine des hématies dans lesquelles il se multiplie jusqu'à leur éclatement. La maladie est transmise à l'Homme par l'intermédiaire d'un **vecteur**, le moustique Anophèle, dont la femelle se nourrit de sang et où le parasite se reproduit.
- Des moyens de lutte et des dispositifs préventifs tentent de limiter la propagation du parasite. Parmi les traitements utilisés, des **résistances** apparaissent, nécessitant la recherche continuelle de nouveaux médicaments.
- Des micro-organismes non pathogènes vivent dans et sur notre corps : ils constituent le **microbiote**. Sa composition varie selon les conditions d'alimentation et les médicaments absorbés (antibiotiques en particulier).
- Le microbiote limite le risque de colonisation par des bactéries pathogènes. Il constitue une protection contre l'**inflammation**.
- Le microbiote intestinal, le plus important, participe à la digestion des aliments et à la nutrition humaine, au développement du système immunitaire et contrôle la prise de poids.
- En échange, le microbiote se nourrit de cellules mortes, de sécrétions du corps ou des aliments ingérés. Entre l'organisme et son microbiote s'établit une relation à bénéfices réciproques ou **symbiose**.

LES MOTS IMPORTANTS

- Micro-organismes
- Agent pathogène
- Maladies infectieuses
- Hôte
- Bactéries
- Vecteur
- Paludisme
- Parasite
- Transmission directe
- Virus de l'immunodéficience humaine
- Endémie
- Épidémie
- SIDA
- Résistance
- Prophylaxie
- Vaccination
- Microbiote
- Symbiose
- Inflammation
- Système immunitaire

LE SCHÉMA IMPORTANT À RETENIR

Les micro-organismes et l'Homme

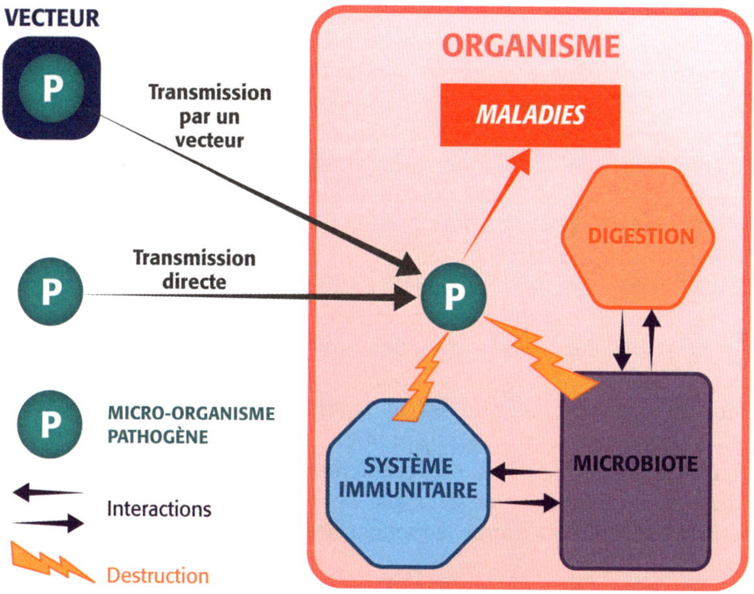

Quiz

1 Le microbiote humain participe à la digestion.
☐ Vrai ☐ Faux

2 Le paludisme se répartit dans les zones tropicales et intertropicales.
☐ Vrai ☐ Faux

3 Une symbiose est une association à bénéfices réciproques.
☐ Vrai ☐ Faux

4 Les bactéries du microbiote intestinal peuvent devenir pathogènes.
☐ Vrai ☐ Faux

5 L'Anophèle est un Moustique impliqué dans la transmission du SIDA.
☐ Vrai ☐ Faux

→ Réponses p. 187

Représenter le cycle du vecteur de la maladie de Lyme

ÉNONCÉ

La borréliose de Lyme est une maladie infectieuse, non contagieuse, causée par la bactérie *Borrelia*. Elle se manifeste par des troubles dermatologiques, neurologiques, articulaires, parfois cardiaques ou ophtalmiques. Elle est présente dans les régions tempérées d'Europe, d'Amérique du Nord et d'Asie.

La bactérie est transmise à l'Homme ou l'animal par piqûre d'une Tique infectée (acarien), vivant dans les zones boisées et humides. Grâce à son appareil buccal (le rostre), la Tique s'accroche à la peau de son hôte et se gorge de son sang. Durant ce repas, les bactéries présentes dans l'intestin de la Tique rejoignent les glandes salivaires, puis sont transmises à l'animal piqué avec un risque proportionnel au temps de contact (faible pour des durées d'attachement inférieures à 72 heures). Par ailleurs, quand la Tique mord un animal infecté par la bactérie, elle les ingurgite avec le sang de l'animal.

Au cours de son développement, la Tique passe par trois stades (larve, nymphe, adulte). À chacun de ces stades, elle prend un unique repas de sang sur un hôte différent. Après un repas pris sur un grand mammifère comme le Cerf, la femelle adulte est fécondée puis pond ses œufs. Les larves qui en sortent se fixent sur des petits Mammifères, comme le font ensuite les nymphes auxquelles elles ont donné naissance.

L'Homme peut être piqué par la Tique à tous ces stades (principalement par les nymphes) et contracter la maladie. Toutefois, c'est un « hôte accidentel » de la bactérie. Il n'en constitue pas un réservoir car il ne permet pas sa diffusion.

Résumez par un schéma le cycle évolutif de la Tique.

MÉTHODE

- La première partie du travail consiste à lire attentivement le texte, à souligner les termes importants afin d'en dégager l'essentiel, et à mettre en évidence les étapes du cycle du développement de la Tique. Toutes les informations apportées par le texte ne sont pas à utiliser pour le schéma : celles par exemple concernant la localisation géographique de la Tique ou les effets de la maladie sur l'organisme ne concernent pas le cycle de développement et sont donc hors sujet.

- Au cours d'une seconde lecture, on reporte sur un brouillon les mots essentiels qui devront figurer sur le schéma. Il est possible aussi de commencer à les relier par des flèches pour représenter les relations qui les unissent.
- Ceci fait, on peut alors réfléchir à la conception du cycle : il prendra l'aspect d'un cercle dans lequel les étapes du développement se succèdent, dans leur ordre chronologique, reliées entre elles par des flèches. Il est inutile de dessiner les différentes formes de l'animal, on peut simplement indiquer leur nom.
- L'Homme n'est qu'un hôte parmi d'autres du cycle de la Tique mais il peut être représenté en position centrale, puisqu'il nous intéresse particulièrement en raison des effets importants de la maladie.

CORRIGÉ

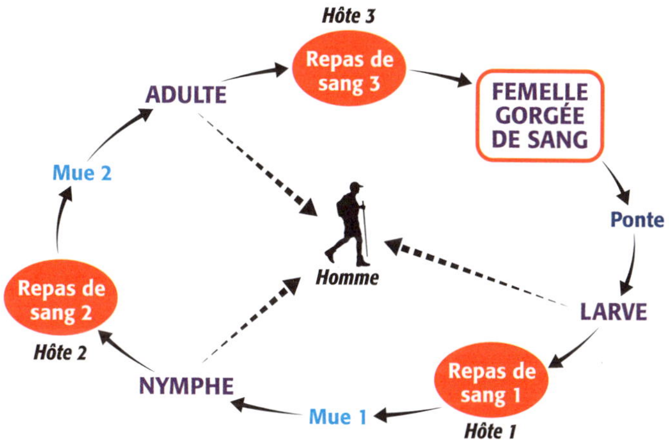

Vérification des connaissances

Pour chaque question ou affirmation, il y a entre 0 et 3 bonnes réponses.

1. Le paludisme est une maladie :
a. à transmission directe ;
b. endémique ;
c. causée par un virus.

2. Une épidémie désigne :
a. une maladie causée par un virus ;
b. une maladie locale ;
c. la propagation rapide d'une maladie.

3. Le microbiote humain :
a. est composé de microbes parasites ;
b. désigne les microbes répartis sur la peau ;
c. protège des bactéries pathogènes.

4. Le vecteur du paludisme :
a. est le Plasmodium ;
b. assure la transmission de la maladie à l'Homme ;
c. est un insecte.

5. Le microbiote intestinal :
a. se met en place dès la naissance ;
b. est différent selon les individus ;
c. est composé principalement de virus.

6. Le SIDA est une maladie :
a. qui nécessite un vecteur ;
b. causée par un virus ;
c. transmise par contact cutané.

7. La propagation du paludisme peut être limitée par :
a. un assèchement des zones humides ;
b. la prise d'antibiotiques ;
c. l'utilisation d'insecticides.

Exercices d'entraînement

1 La répartition mondiale du paludisme

Exploitation de document

Le paludisme est une maladie endémique, répandue dans les zones tropicales et intertropicales. On cherche à expliquer cette répartition de la maladie.

La période d'incubation extrinsèque du Plasmodium correspond au temps nécessaire à son développement chez l'Anophèle, depuis l'absorption lors d'un repas de sang jusqu'à sa réinjection dans un organisme. Sa durée varie selon la température comme le montre le graphique suivant.

Doc. Durée de développement du Plasmodium en fonction de la température

On précise par ailleurs que les femelles d'Anophèles vivent de 2 semaines à 1 mois, selon les conditions extérieures.

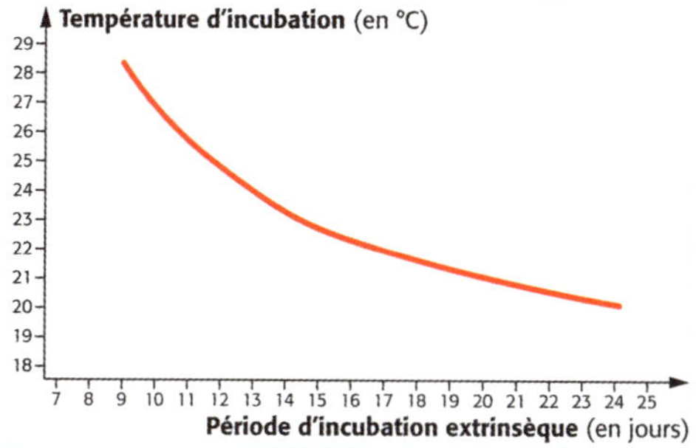

QUESTIONS

1. Indiquez quelle est l'influence de la température sur la durée de développement du Plasmodium.

2. Reliez ces données à la durée de vie de l'Anophèle.

3. Expliquez alors la répartition mondiale du paludisme.

2 L'Anophèle et le paludisme

Exploitation de documents

On cherche à comprendre la relation qui existe entre le Moustique Anophèle (vecteur du Plasmodium) et son environnement, puis à établir le lien avec l'apparition de nouveaux cas de paludisme.

Une expérience a été menée dans un village de Tanzanie frappé par le paludisme. Elle consistait à piéger et à compter le nombre d'Anophèles femelles, ainsi que le nombre de nouveaux cas de paludisme déclarés au cours de l'année. Les résultats ont été réunis sur le graphique suivant (**Doc. 1**).

Doc. 1 **Incidence du paludisme (rouge) et nombre d'Anophèles par piège (bleu)**

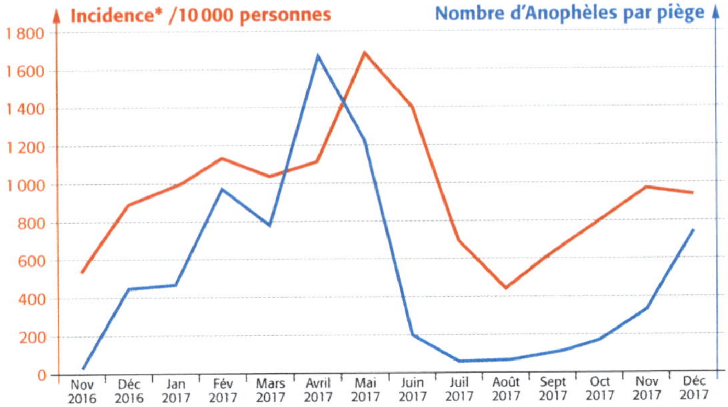

* Incidence = nombre de nouveaux cas par an

Doc. 2 **Précipitations et températures annuelles dans la région**

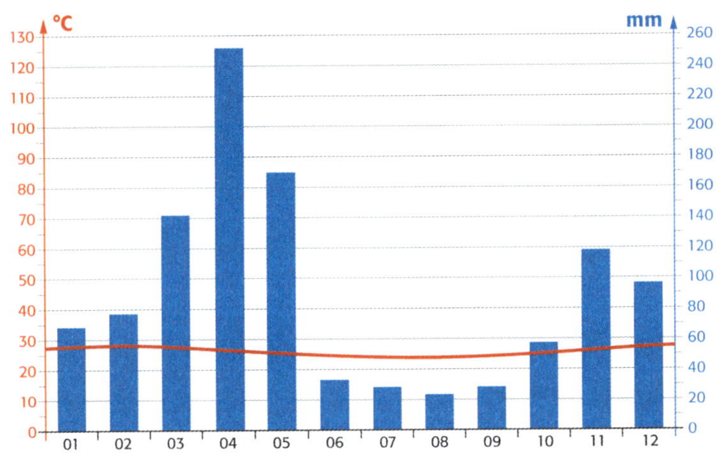

QUESTIONS

1. À partir du document 1, quelle relation peut-on établir entre l'incidence du paludisme et le nombre d'Anophèles ?

2. Comment expliquer ces résultats ?

3. Mettez en relation les informations fournies par les documents 1 et 2 pour expliquer la variation annuelle du nombre de Moustiques.

3 Microbiotes et antibiotiques

Exploitation de documents

La prise d'antibiotiques s'accompagne parfois de troubles intestinaux.
Pour en comprendre les causes, on réalise une série d'expériences.

Doc. 1 Différents micro-organismes issus du tube digestif et recensés, avant et après un traitement par un antibiotique, la streptomycine

Micro-organismes	Avant	Après
Lactobacilles	++++	++++
Levures	++++	++++
Bactéries Gram + (Entérocoque…)	++++	++++
Bactéries Gram - (Colibacille…)	+++	0

Doc. 2 Infection par Salmonelle avant et après traitement antibiotique

On fait ingérer des Salmonelles, bactéries pathogènes du tube digestif, à deux lots de Souris, un lot témoin et un lot préalablement traité à la streptomycine. Le tableau suivant indique pour chaque lot, le pourcentage de Souris infectées par les Salmonelles en fonction du nombre de bactéries inoculées.

Nombre de Salmonelles inoculées par voie orale	Lot 1 : Souris témoins	Lot 2 : Souris traitées à la streptomycine (50 mg/24 h)
10^7	100 %	100 %
10^6	50 %	100 %
10^5	33 %	100 %
10^4	27 %	100 %
10^3	15 %	100 %
10^2	1,5 %	83 %
10	0 %	56 %

QUESTIONS

1. Indiquez l'effet des antibiotiques sur les micro-organismes intestinaux (**Doc. 1**).

2. Comparez l'effet de l'infection par les Salmonelles dans les deux lots de Souris.

3. Expliquez ces résultats.

4 Un transfert de microbiote

Exploitation de documents

Pour identifier des causes possibles de l'obésité, des expériences de transfert de microbiote intestinal sont réalisées de l'Homme vers une Souris axénique (dépourvue de microbiote).
Les résultats figurent dans le tableau suivant.

Doc. 1

Donneur	Receveur	Résultats obtenus
Individu obèse	Souris mince	La souris devient obèse
Individu mince	Souris mince	La souris reste mince

Doc. 2

Sur ce graphique, on a représenté le nombre de gènes du microbiote intestinal (un indicateur de sa diversité) chez deux groupes d'individus, obèses et non obèses.

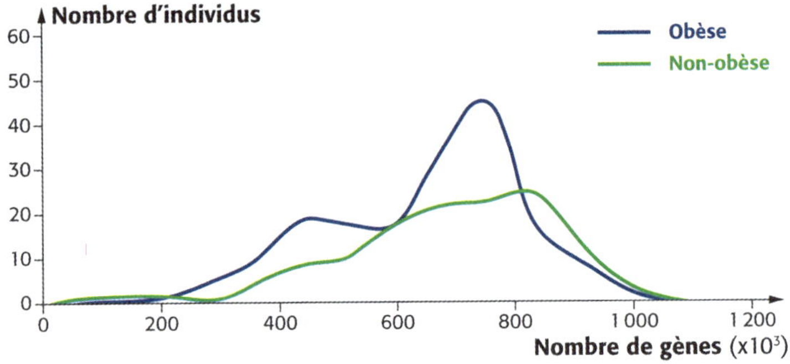

QUESTIONS

1. Décrivez et interprétez les résultats de l'expérience présentée dans le **Doc. 1**.

2. Expliquez le rôle du microbiote mis en évidence.

3. Comparez la diversité des microbiotes chez ces deux groupes d'individus (**Doc. 2**) et reliez cette information aux résultats de l'expérience du document 1.

Quiz

1 **Vrai**, ses bactéries aident à la digestion des fibres et participent à l'entretien de la muqueuse intestinale. **2** **Vrai**, le vecteur y trouve des conditions favorables à son développement. **3** **Vrai.** **4** **Vrai**, en cas d'affaiblissement du système immunitaire. **5** **Faux**, l'Anophèle est le vecteur du paludisme, le SIDA est une maladie à transmission directe.

Vérification des connaissances

1 **a.** est fausse, elle est transmise par un vecteur l'Anophèle. **b.** est vraie. **c.** est fausse, elle est causée par un protozoaire, le Plasmodium.

2 **a.** et **b.** sont fausses. **c.** est vraie.

3 **a.** est fausse, ce sont des microbes symbiotiques. **b.** est fausse, il s'agit de tous les microbes présents aussi bien sur la peau que dans les cavités naturelles. **c.** est vraie.

4 **a.** est fausse, le vecteur est un Moustique l'Anophèle. **b.** et **c.** sont vraies.

5 **a.** et **b.** sont vraies. **c.** est fausse, le microbiote est composé de bactéries.

6 **a.** est fausse, c'est une maladie à transmission directe. **b.** est vraie. **c.** est fausse, le SIDA se transmet par le sang ou par voie sexuelle.

7 **a.** et **c.** sont vraies, ces méthodes limitent la prolifération du vecteur l'Anophèle. **b.** est fausse, les antibiotiques n'agissent pas sur le Plasmodium.

Exercices d'entraînement

1 La répartition mondiale du paludisme

1. Le nombre de jours nécessaires au développement du Plasmodium augmente au fur et à mesure que la température diminue. Il faut entre 24 et 25 jours de développement, à une température ambiante de 20 °C, seulement 9 jours à 28 °C. Si le graphique ne donne pas de valeur en dessous de 20 °C, c'est probablement que le développement est impossible dans ces conditions.

2. Une durée de développement de 1 mois correspond environ à une température ambiante d'une vingtaine de degrés. Avec cette température extérieure, le Plasmodium aura à peine le temps de réaliser son cycle de développement.

3. Le paludisme est une maladie présente essentiellement sous climat tropical. Sous climat plus froid, le Plasmodium n'aurait pas le temps, en raison de températures trop basses, d'accomplir son cycle biologique avant que le Moustique dans lequel il se développe ne meure.

2 L'Anophèle et le paludisme

1. Le nombre de Moustiques piégés au cours de l'année est variable, avec deux pics, l'un entre avril et mai, l'autre entre octobre et novembre.
Le nombre de nouveaux cas de paludisme est lui aussi variable, avec deux pics, chacun avec quelques semaines de retard par rapport à celui des Anophèles. Il faut de plus souligner qu'il y a une concordance dans l'amplitude des deux pics, ce qui confirme l'existence d'une relation entre ces deux valeurs.

2. Cette relation montre que le Moustique est impliqué dans l'apparition de la maladie. Le Moustique est en effet le vecteur du micro-organisme responsable du paludisme, le Plasmodium.

3. Cette région de la Tanzanie est caractérisée par deux saisons pluvieuses entrecoupées d'une saison sèche. Une première saison pluvieuse a lieu entre mars et mai, une seconde entre octobre et décembre. Cela correspond aux deux périodes pendant lesquelles les Moustiques sont piégés en plus grand nombre et donc les plus abondants.
En effet, le développement du Moustique passe par une phase larvaire aquatique, d'où la nécessité de points d'eau, flaques et autres, dans lesquelles les œufs doivent être obligatoirement pondus pour que les larves puissent se développer.
On voit enfin que la première saison des pluies, de mars à mai, la plus abondante correspond à celle où les moustiques sont les plus nombreux, ce qui confirme la relation établie.

> **L'astuce du prof**
> Utilisez vos connaissances sur le développement du Moustique.

3 Microbiotes et antibiotiques

1. L'ingestion d'antibiotiques a un effet sur les seules bactéries Gram négatif. Les antibiotiques détruisent sélectivement les bactéries.

2. L'inoculation d'une petite quantité de Salmonelles est sans effet sur les Souris témoins mais elle est suivie d'une infection par les Salmonelles chez les Souris traitées avec la streptomycine. L'infection est combattue chez les Souris témoins jusqu'à des concentrations d'inoculation de 10^6.

3. Ces résultats sont surprenants car les antibiotiques, censés détruire les micro-organismes, favorisent au contraire le développement des Salmonelles dans l'organisme.
Or, le document 1 montre que cet antibiotique a détruit une catégorie particulière de bactéries, les bactéries Gram négatif. On peut alors penser que ce sont ces bactéries qui empêchent, lorsqu'elles sont présentes, le développement des Salmonelles. Elles exercent en effet une compétition avec elles, sécrètent peut-être aussi des substances toxiques qui les éliminent.

Réflexe à avoir

Pensez à établir le lien entre les documents 1 et 2 !

4 Un transfert de microbiote

1. Le transfert du microbiote intestinal d'un individu obèse rend une Souris obèse contrairement au transfert d'un microbiote d'individu mince. Le microbiote semble donc être déterminant dans l'apparition de l'obésité.

2. Le microbiote présent dans l'intestin participe activement à la digestion. Il digère par exemple les fibres alimentaires non digestibles par l'Homme lui-même, produit des vitamines ainsi que des composés qui contribuent au bon état de la muqueuse intestinale.

3. Le nombre de gènes témoigne de la diversité du microbiote. Les microbiotes peu diversifiés, c'est-à-dire contenant de 200 à 600 gènes, sont présents chez un plus grand nombre d'individus parmi les obèses. Par contre, les microbiotes diversifiés, c'est-à-dire avec 800 à 1 000 gènes, sont plus nombreux chez les non-obèses. La diversification du microbiote permet donc de limiter dans une certaine mesure l'obésité.

L'astuce du prof

Attention, la représentation de ce graphique est particulière : ce qui est mesuré est en abscisse et correspond au nombre de gènes.

Index

L

M

N

O

P

R

S

T

U

V

15 HANOTEAU Frederic; **17 ht** HANOTEAU Frederic; **17 m** ISM/Ctu-UCBL; **20 ht g** ISM/Hervé Conge; **20 ht d** COSMOS/SPL/Dr Kari Louratmaa; **20 ht m** ISM/J. C Révy; **26 g** ISM/Ctu-UCBL; **26 d** Biophoto/GETTY IMAGES France; **53** ISM/Jean-Claude Révy; **59** Franck Wagner/ADOBE STOCK PHOTO; **61** HEMIS/MINDEN PICTURES/Richard du Toit; **81** Cailleux, Varsable.canalblog.com; **83** Google Earth; **99 ht** LALEVEE Fréderic; **99 bas** HANOTEAU Frederic; **101 g** SHUTTERSTOCK; **101 d** ADOBE STOCK PHOTO; **101 m** ADOBE STOCK PHOTO; **103** HANOTEAU Frederic; **108** RMN/Zoologie/Coineau; **115** HANOTEAU Frederic; **123 ht g** REA/Pierre Bessard; **123 ht d** BIOSPHOTO; **173** Ed Reschke/GETTY IMAGES France

MIXTE
Papier issu de sources responsables
FSC® C022030
www.fsc.org

Nathan est un éditeur qui s'engage pour la préservation de son environnement et qui utilise du papier fabriqué à partir de bois provenant de forêts gérées de manière responsable.

N° de projet : 10266081 - Dépôt légal : juin 2019
Imprimé par Estimprim en juillet 2020 - 25110 Autechaux